기후변화, 그게 좀 심각합니다

옮긴이 이민희

언어의 조각을 오래도록 매만지고 싶어 번역의 세계에 뛰어들었다.
낯선 이야기 속을 극도로 천천히 헤엄치는 순간을 가장 사랑한다.
《화장실 벽에 쓴 낙서》《오늘의 자세: 행운을 부르는 법》
《차마 말할 수 없는 것들에 관하여》《드라이》《내가 지워진 날》
《기후변화, 이제는 감정적으로 이야기할 때》를 우리말로 옮겼다.

기후변화, 그게 좀 심각합니다

지구인을 위한 안내서

빌 맥과이어 | 이민희 옮김

HOTHOUSE EARTH

BILL McGUIRE

양철북

날마다 무지, 비난, 정보의 교란, 막무가내식
부정에 맞서 꿋꿋하게 싸우고 있는
전 세계 기후 활동가들에게 이 책을 바칩니다.
이 싸움에서 여러분은 이길 것입니다.
여러분은 패배할 이유가 없으니까요.

차례

HOTHOUSE EARTH

HOTHOUSE EARTH

9장 과열된 지구에서의 질병과 재해

10장 중요한 질문

에필로그:

읽어두기 * 본문 각주는 모두 옮긴이가 달았습니다.

프롤로그

2021년 유엔기후협약 당사국총회,
그리고 지금은?

저는 이 책을 6개월 동안 썼고, 그사이 영국 글래스고에서 제26차 유엔기후변화협약 당사국총회 COP26가 열렸습니다. 자료가 워낙 방대하고 과학과 정책이 끊임없이 변화하기에 그 모든 내용을 정리하는 일은 상당히 어려웠습니다. 하지만 무리해서라도 기후 비상사태의 핵심 문제에 집중했던 것이 저한테는 매우 유익했고, 여러분에게도 널리 이롭기를 바랍니다. 중대한 메시지가 담겨 있지만 소박한 이 책이 최종 결과물입니다.

자료를 마지막으로 정리한 때가 마침 COP26과 맞물려 우리가 나아갈 방향에 대해 한층 더 신뢰할 만한 시사점을 내놓게 된 것은 행운입니다. 저는 인류 역사상 가장 중요한 이 회의에 감사하고 겸허한 마음으로 참석했습니다. 2주간의 토론과 논쟁, 협상을 통해 우리가 처한 곤경에서 벗어날 수 있는 현실적인 길을 찾을 수 있으리라 기대했습니다. 산업화 이전(1850~1900년)과 비교해 기후붕괴를 막을 수 있는 가드레일로 지구 평균온도 상승 폭을 1.5도 이내로 유지할 방도를 마련할 수 있으리라는 희망이 컸습니다. 하지만 결과는 실망스러웠습니다.

물론 산림 보호, 메탄 배출량 감축, 석탄 사용 중단, 개발도상국에 환경 정책 자금을 지원하는 것 같은 훌륭한 공약이 많았던 것은 사실입니다. 하지만 이러한 공약을 이행하는 데 필요한 구체적 방안이나 법적 제도, 감시 장치에 관한 논의는 거의 없었습니다.

만약 각국 정부가 COP26에서 내세운 공약을 모두 실천해서 목표를 이룬다면 평균기온 상승 폭이 '단지' 1.9도, 잘하면 1.8도에 그칠 것이라고 예측했습니다. 하지만 첫째, 그럴 가망이 극히 적습니다. 둘째, 이러한 예측은 평균기온이 2도 이상 오를 것이 확실하다는 상호 연구 검토 결과와도 정면으로 부딪치는 것이었습니다.

현실은 이러합니다. 지구 평균기온 상승 폭을 1.5도 이하로 유지할 가능성을 조금이라도 키우려면 2030년까지 탄소 배출량을 45퍼센트 줄여야 합니다. 하지만 이론적으로는 가능할지 몰라도 현실적으로는 뜻밖의 기적이 일어나지 않는 한 불가능합니다. 현재 추세로는 2030년까지 탄소 배출량이 오히려 14퍼센트 가까이 늘어날 것이며, 그러면 10년 안에 1.5도 가드레일이 확실히 무너집니다.

이 책은 기후 붕괴라는 암담한 미래를 피할 기회가 사실상 없다는 점에서 출발합니다. 이제 기후 붕괴를 어떻게 피할 수 있느냐의 문제가 아니라 앞으로 수십 년 동안 우리가 무엇을 보게 되느냐, 기상이변이 잦아진 온실 세상에 어떻게 적응할 것이냐 그리고 암울한 상황이 더 나빠지는 것을 막기 위해 무엇을 할 수 있느냐의 문제입니다.

여기서 하나 짚고 넘어가자면 '온실 지구Hothouse Earth'란 기온이 매우 높아 극지방에 얼음이 없던 과거의 지구 상태를 가리키는 개념입니다. 하지만 이제 우리는 온실에 있지 않아도 이상 고온 현상을 체감할 수 있습니다. 이런 현상은 이미 너무나 흔해져서 망가진 기후의 상징이 되었습니다. 따라서 제가 말하는 온실 지구란 얼음 없는 지구가 아니라 열대지방에서 50도가 넘는 살인 더위가 일상화된 세상, 온대지방에서 겨울이 사라지고 뜨거운 여름이 계속되는 세상, 바다가 돌이킬 수 없이 가열되어 북극권 수온이 30도까지 올라가는 것이 놀랍지 않은 세상을 의미합니다.

이제 우리는 이런 온실 행성에서 살아가야 합니다. 지구는 조만간 우리 조상들이 알아보지도 못하게 바뀔 것입니다. 섭씨 2도 상승(아마 우리가 겪게 될 최저치)이 별거 아닌 것처럼 들린다면 이것이 평균온도라는 점을 기억하세요. 지구의 일부 지역에서는 훨씬 더 큰 폭으로 오를 겁니다. 게다가 2도만 올라가도 인류 역사상 유례없는 고온 현상이 일어날 것입니다. 2020년에 태어난 아이는 조부모보다 훨씬 더 혹독한 세상을 직면할 것입니다. 한 연구에 따르면 그들은 1960년에 태어난 행운아보다 7배 잦은 폭염, 2배 잦은 가뭄, 3배 잦은 홍수와 흉작을 겪으리라 예상됩니다. 현실은 더 나쁠 수 있으며 가난한 나라에 사는 수십억 인구에게는 훨씬 더 가혹할 것입니다. 더 넓게 보자면 지금 40세 미만 젊은이들은 지구 가열화로 인한 기상이변을 더욱더 자주 겪게 될 것입니다.

이 책에서 저는 가장 최근에 관측한 사실과 상호 검토를 거친 연구 결과를 토대로 우리에게 익숙한 세상이 이미 어떻게 변화하고 있는지, 앞으로 수십 년 안에 어떤 모습이 될지 밝히고자 노력했습니다. 이를 위해 기후 비상사태의 세 가지 측면에 초점을 맞췄습니다. 첫째, 인간에 의한 지구 가열화를 적절히 설명하기 위해 빙실icehouse 상태와 온실hothouse 상태를 수차례 오간 지구의 46억 년 역사를 돌아보았습니다. 둘째, 한때 안정적이었던 기후가 점점 빠르게 붕괴되고 있다는 증거들을 살펴보았고 셋째, 폭풍, 홍수, 산불, 가뭄, 대이동, 물 부족, 건강 문제 그리고 멕시코만류의 붕괴와 메탄 '폭탄' 같은 예측하기 어려운 후폭풍에 이르기까지 지구 가열화가 미칠 광범위한 여파를 다뤘습니다. 마지막 장에서는 가능한 미래를 내다보고 피해를 최소화하기 위해 지금 우리가 무엇을 해야 하는지, 과연 기술이 우리를 구할 수 있을지 따져 봤습니다. 물론 이미 때가 늦었지만 하루빨리 탄소 배출량을 줄여야 한다는 메시지를 강조합니다.

저는 숙련된 지질학자로서 모델링이나 시뮬레이션보다 관측과 측정을 중시하는 경향이 있지만, 미래 기후 시나리오를 정확히 파악하기 위해서는 양쪽 모두 중요합니다. 따라서 이 책은 지금까지의 관측 기록과 관측뿐 아니라 앞으로 수십, 수백 년 뒤의 모습을 예측한 모델링도 기반으로 하고 있습니다.

안타깝게도 우리 기후는 이전 모델에서 예측한 것보다 훨씬 빠르게 악화되고 있습니다. 또한 기후 과학자들은 소신껏 의견을 내기보다 눈치껏 현실을 과소평가해서 예측하는 경향이 있습니다. 이런 경향은 당장 우리 앞에 닥친 위험한 기후변화의 영향을 최소화하는 데 도움이 되기는커녕 혼란만 키웁니다. 우리는 희망을 잃지 않으면서도 최악의 상황에 대비할 수 있는 계획을 세워야 합니다.

용어와 관련해 덧붙이자면, '지구온난화'는 현실과 거리가 먼 포근한 느낌을 줍니다. 급증하는 기상이변은 기후가 단순히 변화한다기보다는 붕괴의 길로 접어들고 있다는 신호입니다. 저는 이를 반영하는 대체 용어로 '지구 가열화global heating'와 '기후 붕괴climate breakdown'를 쓰겠습니다. 이 두 용어는 우리 세상에 일어나는 일을 훨씬 더 정확하게 묘사하기에 점점 더 널리 쓰이고 있습니다.

1

시작 지점

1771년 영국 크롬포드

지금으로부터 약 250년 전 어느 날, 리처드 아크라이트 Richard Arkwright 라는 남자가 혁명을 일으켰습니다. 죽거나 다친 사람은 없었습니다. 태양은 아무 일 없다는 듯 뜨고 졌지만, 사실상 세상을 송두리째 바꾼 하루의 시작과 끝을 장식했습니다.

가발 제작, 이발, 발치 따위로 생계를 이어 가던 아크라이트는 기발한 아이디어를 떠올리고 더비셔주의 크롬포드라는 작은 마을에서 이를 실행에 옮겼습니다. 크롬포드는 제가 사는 피크 디스트릭트 바로 아랫동네죠.

가발용 방수 염료를 개발해 목돈을 쥔 아크라이트는

당시 랭커셔주에서 빠르게 성장하고 있던 면화 산업에 주목했습니다. 손재주가 좋았던 그는 수동 제니 방적기로는 급증하는 수요를 따라잡을 수 없다는 사실을 알아챘고, 수력방적기water frame라는 기계식 방적 장치를 개발해 특허를 받았습니다. 이 장치를 쓰면 실을 더 빠르게 뽑아낼 수 있을 뿐 아니라 품질도 더 우수했습니다.

전통적으로 여자들은 실을 뽑고 남자들은 그 실을 짜서 천으로 만들었습니다. 모두 작은 집 안에서 이뤄졌죠. 아크라이트의 발명은 이 방식을 완전히 바꿔 놓았습니다. 수력방적기는 집 안에 들이기에는 너무 컸고, 이름에서 알 수 있듯이 흐르는 물이 필요했습니다. 아크라이트의 해결책은 더웬트강 근처에 큰 건물을 지어 방적기들을 설치하고 물레바퀴로 동력을 공급하는 것이었습니다. 이 새로운 시설은 곡식을 빻던 물레방앗간과 닮아서 곧 크롬포드 밀Cromford Mill로 알려지게 됩니다. 인근에 살던 방직공들은 하룻밤 사이에 삶이 바뀌었습니다. 집에서 물레를 돌리던 여자들과 아이들은 매일 방앗간에 가서 수력방적기로 실을 뽑고 남자들은 집에 남아 실을 짰습니다.

아크라이트는 그렇게 단숨에 세상에 대량 생산 체제를 도입했습니다. 그는 노동자들을 최대한 활용하고자 13시간 교대 근무 체제를 만들고 오전 5시와 오후 5시에

종을 울렸습니다. 종이 울리면 여자들과 아이들은 피곤한 눈을 비비며 가파른 언덕길을 오르내리며 출퇴근했습니다. 현대적이고 기계화된 공장 시스템이 가동된 것이죠.

개인 또는 소규모 집단이 손으로 작업하던 방식은 기계화되어 몇 년 사이 들불처럼 퍼져 나갔습니다. 아크라이트는 더웬트강을 따라 스코틀랜드까지 공장들을 세웠습니다. 곧 증기 동력의 등장으로 강가가 아닌 곳에 유리, 화학제품, 공작기계를 대량 생산할 수 있는 공장들이 세워졌습니다. 선조기, 스팀해머와 같은 공작기계는 제조업 혁명에 불을 지펴서 수작업에만 의존하던 국가 경제가 수십 년 만에 몰라보게 바뀌었습니다.

증기 동력을 활용한 기술은 섬유 생산, 석탄 정제, 금속 가공 같은 다양한 산업에 혁명을 일으켰습니다. 같은 시기에 도로, 운하, 철도 노선이 폭발적으로 늘어나면서 혁명은 영국 전역을 넘어 전 세계로 번졌습니다.

1771년 어느 화창한 날 더비셔주의 아크라이트가 일으킨 혁명은 바로 산업혁명이었습니다. 그 후 한 세기 동안 기계화와 대량 생산의 쓰나미가 유럽과 북미를 휩쓸면서 삶의 방식을 뒤바꾸었습니다. 그 변화의 물결은 거침없는 기세로 오늘날도 지구 곳곳에서 몰아치고 있습니다.

아크라이트의 유산

아크라이트가 18세기 후반에 더웬트강 유역에 세운 크롬포드 밀과 공장들이 산업혁명의 발상지로 유네스코 세계문화유산으로 지정되면서 가발 제작자였던 그의 이름은 길이길이 남게 되었습니다. 아크라이트의 유산은 인류에게 막대한 혜택을 가져다준 위대한 업적으로 널리 칭송받고 있지만, 여러 면에서 엄청난 대가를 치르기도 했습니다.

아크라이트의 자랑스러운 발명품은 무럭무럭 성장하면서 막을 수 없는 괴물이 되었습니다. 특히 2차 세계대전 이후 산업혁명은 자유 시장 자본주의와 폭발적인 소비 욕구가 지배하는 세계 경제의 토대가 되었습니다. 이로 인해 많은 나라에서 삶의 질이 헤아릴 수 없이 향상되었으나, 동시에 수십억 명이 여전히 빈곤에 시달리고 있으며 가진 자와 없는 자의 격차는 점점 더 벌어지고 있습니다. 시장 중심 소비주의가 가져온 결과도 심각합니다. 광범위하고 대대적인 환경오염과 파괴, 지구의 과열 현상 등이죠.

그렇다면 아크라이트가 크롬포드 밀을 설립한 것부터 우리 문명이 직면한 최대 위협인 기후와 생태의 비상사태까지는 직선으로 연결됩니다. 더비셔주의 작은 마을 크롬포드는 기후변화의 발원지나 다름없습니다. 다시 말해, 이곳에서 우리의 모든 문제가 시작되었습니다.

기후 비상사태, 어쩌다 여기까지 왔을까요?

과거에는 배부르고 등 따시면 그만이었지만 이제, 적어도 선진국에서는 가져도 가져도 부족한 시대가 되었습니다. 급격히 줄어드는 자원을 점점 더 많이 소비하는 사회는 지속할 수 없습니다. 바로 오늘날 우리가 기후와 생태 위기에 처한 이유입니다.

250년 전 아크라이트가 공장을 열 때만 해도 대기 중 이산화탄소 농도는 280ppm이었습니다. 이산화탄소는 우주의 혹독한 추위에서 지구를 따뜻하게 보호하고 유지해주는 주요 온실가스입니다. 하지만 너무 많으면 지구 온도가 위험하게 상승합니다. 이산화탄소 농도는 지질시대에 따라 등락을 거듭했습니다. 예를 들어 280ppm은 인류 문명이 급성장한 현재 간빙기에 충분히 예상할 수 있는 수치입니다. 불과 2만 년 전 마지막 빙기가 절정에 달했을 때 이산화탄소 농도는 약 180ppm까지 떨어졌으며 인류의 대기오염이 저지하지 않는다면 다음 빙기에도 그렇게 될 것입니다.

아크라이트의 유산은 우리의 모든 욕구를 충족할 경제적인 경이를 불러일으켰을 뿐만 아니라 엄청난 오염을 배출해 지구 대기에 2조 4,000억 톤의 이산화탄소를 추가했습니다. 이로 인해 2021년에는 이산화탄소 농도가 최고

420ppm으로 50퍼센트 증가해 지구 평균기온이 1.2도 오르고, 한때 안정적이었던 기후가 무너지면서 기상이변이 뚜렷하게 증가하고 있습니다.

기후 비상사태의 가장 우울한 점은 대기 중 온실가스 농도가 증가하면 엄청난 재난으로 이어질 거라는 경고를 수차례 받았는데도 우리가 번번이 귀를 닫고 행동하지 않기로 선택했다는 것입니다.

거듭된 경고

1856년 미국 과학자 유니스 푸트Eunice Foote는 이산화탄소의 놀라운 열 흡수 성질을 다룬 논문을 발표했습니다. 공기와 이산화탄소를 각각 채운 병을 햇볕이 내리쬐는 곳에 두는 간단하고도 효과적인 실험을 바탕으로 쓴 논문이었습니다. 이산화탄소를 채운 병이 공기를 채운 병보다 훨씬 더 뜨거워졌기에, 푸트는 대기 중 이산화탄소가 같은 원리로 태양열을 흡수하리라는 결론을 내렸습니다.

푸트는 심지어 "대기에 더 많은 이산화탄소가 섞이면 기온이 오를 것"이라고 예측했습니다. 150년 전에 한 지구온난화에 대한 최초의 예측이었죠.

몇 년 뒤 1860년대, 아일랜드 과학자 존 틴달John Tyndall이 푸트의 연구를 좀 더 발전시켰습니다. 다양한 가스로 수백 가지 실험을 한 틴달은 대기 중 이산화탄소, 수증기, 메탄(모두 온실가스)의 농도 변화가 "기후를 변화시킬 것이다"라고 언급했습니다.

19세기 말로 거슬러 올라가면 스웨덴 물리학자 스반테 아레니우스Svante Arrhenius가 대기 중 이산화탄소 농도가 지구 온도와 직결된다는 현대 이론의 기초를 확립했습니다. 아레니우스는 이산화탄소 농도가 절반으로 줄어들면 빙하시대 수준으로 기온이 떨어진다고 설명했습니다. 또한 이산화탄소 농도가 두 배로 증가하면 지구 평균기온이 섭씨 4도 오르리라고 예측했습니다.

대기 중 이산화탄소 농도가 산업화 이전보다 두 배로 증가할 때 지구가 더워지는 정도를 '기후 민감도'라고 합니다. 정확한 수치는 알 수 없지만 1.5도~4도 사이로 추정되며 가장 최근의 기후 모델들에서는 3.7도 안팎으로 계산되었습니다. 놀랍게도 아레니우스의 예측과 거의 일치합니다.

20세기에 들어서 대기 중 이산화탄소 농도가 높아지면 지구가 더워진다는 것이 사실화되고 실제로 그런 일이 일어나고 있다는 증거가 나오기 시작했습니다. 1930년대 후반, 영국의 엔지니어이자 아마추어 기후학자인 가이 캘린더Guy Callendar는 지난 50년 동안 지구의 기온과 이산화탄소 농도가 모두 상승했음을 증명하고 이 둘이 서로 연관되어 있다고 주장했습니다. 캘린더의 주장은 팽배한 회의론에 부딪혔지만, 이후 여러 연구를 통해 그가 옳다는 사실이 밝혀졌습니다.

1950년대에 캐나다 물리학자 길버트 플라스Gilbert Plass는 인간의 활동으로 인한 탄소 배출량 증가와 지구 온도 사이의 연관성을 더 깊이 파고들었습니다. 1953년 〈타임〉과의 인터뷰에서 그는 "현재의 증가세라면 대기 중 이산화탄소는 100년마다 지구의 평균기온을 섭씨 0.8도씩 올릴 것이며 산업 성장이 계속된다면 앞으로 몇 세기 동안 기후는 계속 더 더워질 것"이라는 예언을 남겼습니다.

100년마다 0.8도라면 너무 낮지만, 플라스의 예측은 여전히 놀라운 선견지명을 보여 줍니다. 나중에 그는 기후 민감도가 3.6도가 될 것이며 2000년의 대기 중 이산화탄소 농도가 1900년보다 30퍼센트 올라 지구 평균기온이 1도 상승하리라고 재예측했습니다. 앞서 언급했듯이 현재 기후 민감도 추정치는 3.7도이며, 실제로 2000년의 대기 중 이산화탄소 농도가 100년 전보다 약 37퍼센트 증가하면서 온도가 약 0.7도 올라갔습니다. 이때까지는 플라스의 예측이 꽤 잘 들어맞았다고 할 수 있습니다.

1956년, 미국 과학자 로저 레벨Roger Revelle은 탄소 배출량이 증가하면서 지구가 해수면 상승과 사막화의 위협을 받고 있다고 미 의회에서 증언했습니다. 이듬해 한 기사는 레벨의 연구 결과가 '전 지구적 온난화'로 인해 급격한 기후변화가 일어날 가능성을 보여 주었다고 보도했습니다.

1960년대에 들어서서 지구온난화와 이산화탄소 배출량과 농도 증가를 연관 짓는 연구가 빠르게 진행되었습니다. 특히 1961년 미국 과학자 찰스 킬링Charles Keeling이 대기 중 이산화탄소 농도가 해마다 점진적으로 증가하고 있다는 사실을 입증했습니다. 자신이 측정한 값으로 꾸준하게 증가하고 있는 모습을 그래프로 만들었는데, 킬링 곡선으로 알려진 이 그래프를 보면 첫 측정 때 대기 중 이산화탄소 농도는 315ppm이었는데, 2021년에는 420ppm이었습니다.

상황을 점점 파악하면서 경고도 시급해졌습니다. 노벨상을 받은 미국 화학자 글렌 시보그Glenn Seaborg는 1966년에 이산화탄소가 대기에 축적되는 양(당시 연간 60억 톤) 때문에 기후가 돌이킬 수 없이 변할 수 있다고 경고했습니다.

2년 뒤인 1968년 스탠퍼드대학은 미국석유협회를

위해 쓴 보고서에서 지구온난화의 심각성을 지적하며 2000년까지 기온이 상당히 올라 기후변화가 일어날 것이라고 결론지었습니다. 연구를 의뢰한 화석연료 업계는 이 보고서를 완전히 무시했습니다. 석유 회사들은 적절한 조치는커녕 그 뒤 수십 년 동안 이를 부정하는 수백만 달러 규모의 캠페인을 벌여 기후 과학에 대한 대중의 신뢰를 약화하고 혼란을 부추겼습니다.

새로운 빙하시대가 다가오고 있다는 공포를 조장하는 기사들이 판을 쳤지만 탄소 배출과 지구온난화의 연관성은 1970년대를 지나 1980년대에 접어들며 꾸준히 힘을 얻었습니다. 1988년 NASA의 기후학자 제임스 핸슨 James Hansen이 지구온난화는 현실이며 이는 온실가스 배출량이 증가한 결과라고 미국 상원 에너지 및 천연자원위원회에서 증언했습니다. 핸슨의 증언은 오늘날에도 계속되는 지구온난화 정책 논쟁의 신호탄으로 널리 알려져 있습니다. 또한 위험에 대한 경각심을 학계를 벗어나 공론의 장으로 끌어냈다는 점에서 지금까지도 높이 평가받고 있습니다.

광범위한 파급 효과가 점점 더 명확해지면서 '지구온난화'라는 용어는 '기후변화'로 바뀌었습니다. 이 용어의 변화는 탄소 배출로 지구 온도가 올라가는 현상과 그것으로 생긴 기후의 대대적인 변화까지 논점을 확장했기에 중요한 의미가 있습니다.

본격화된 지구 가열화 논쟁

변화하는 기후에 대한 지식과 이해가 아무리 확산되어도 행동으로 이어지는 속도는 더디기만 합니다. 핸슨이 증언한 그해, 세계기상기구는 기후변화 연구들을 평가하고 정리하여 널리 알리기 위해 IPCC(정부 간 기후변화협의체)를 설립했습니다.

오늘날까지도 IPCC는 기후 과학의 결정권자로 존재하며, 기후에 관한 일을 기록하고 해석한 평가 보고서는 거의 성서급으로 받들어집니다. 위원회의 주요 목적은 각 정부가 기후 정책을 세울 때 이용할 수 있도록 과학 정보를 제공하는 것입니다. 하지만 그러한 정책의 수립이 달팽이 같은 속도로 이뤄지고 있다고 말한다면 솔직히 달팽이에게 모욕일 것입니다.

1990년 IPCC가 첫 평가 보고서를 발표했을 때 지금의 젊은 기후학자들과 정치인들은 유치원생이거나 심지어 갓난아기였습니다. 이 보고서는 인간의 활동으로 이산화탄소, 메탄, 염화불화탄소, 아산화질소 같은 온실가스의 대기 중 농도가 급증하고 있다는 사실을 확실하게 지적했습니다. 보고자들은 이대로라면 지구 온도와 해수면이 크게 상승하리라고 예측했습니다. 보고서 발표와 함께 행동 촉구도 이어졌지만 공허한 메아리에 그쳤습니다.

　30년도 더 지난 지금, 여전히 대다수가 귀를 기울이지 않습니다. 거의 모든 국가가 평소처럼 운영되며 전 세계 온실가스 배출량은 2020년 코로나로 잠시 주춤했으나 증가세를 이어 가고 있습니다. IPCC 1차 평가 보고서에서 6차 평가 보고서(2021년 발표된 1/4편)까지 총 온실가스 배출량은 350억 톤 미만에서 500억 톤 이상으로 43퍼센트 증가했습니다. 같은 기간에 대기 중 이산화탄소 농도는 354ppm에서 420ppm으로 19퍼센트 가까이 증가했습니다. 더 심각한 사실은 전체 온실가스의 온난화 영향이 IPCC가 설립된 이래 무려 47퍼센트나 증가했다는 것입니다.

　이쯤에서 온실가스 증가의 주범이 이산화탄소만은 아니라는 점을 짚고 넘어가겠습니다. 지난 수십 년 동안 다른 가스의 대기 중 농도도 급증했으며 특히 메탄은 온난화 잠재력이 훨씬 높은 온실가스입니다. 메탄은 습지, 바다와 호수 바닥에서 자연적으로 방출되기도 하지만, 가축의 방귀, 논, 석유와 가스 산업, 영구 동토층(고위도에서 영구적으로 얼어붙은 거대한 지대)의 해빙 같은 인간 활동으로도 방출됩니다. 산업화 이후 메탄 농도가 2.5배 상승한 이유죠.

메탄 1톤은 20년 동안 이산화탄소 1톤보다 86배나 심한 대기 온난화를 일으킵니다. 다행히 메탄은 대기 중에 머무는 시간이 훨씬 짧아서 20년 후에는 대기 중에 250킬로그램만 남게 됩니다. 그런데도 산업화 이후 온난화의 3분의 1에 가까운 원인은 메탄 농도 상승입니다. 모든 온실가스의 온난화 효과를 전부 합치면 오늘날 이산화탄소가 500ppm 포함된 대기와 맞먹는다는 사실은 경악스럽습니다.

IPCC가 첫 보고서를 발표한 1990년에 세계 지도자들이 진지하게 조처했다면 지금쯤 우리는 문제를 통제하고 있었을지도 모릅니다. 화석연료가 대부분 재생에너지로 대체되어 온실가스 배출량이 크게 줄었을 것입니다. 하지만 그런 일은 일어나지 않았습니다. 위협이 얼마나 시급한지 IPCC가 거듭 경고했지만, 현재의 비상사태에 이르기까지 실질적인 조치는 실현되지 않았습니다.

2014년에 발표한 5차 IPCC 평가 보고서는 이듬해 파리에서 열린 제21차 유엔기후변화협약 당사국총회COP21를 앞두고 협상을 위한 정보를 제공했습니다. COP21은 적어도 참석자들 사이에서는 성공적이었다는 평가를 받았습니다. 박수갈채 속에 146개국 대표들은 파리 협정(현재 194개국 비준)에 서명했으며, 이 협정에 따라 배출량을 줄이는 실행 방안을 제출하고 산업화 이전 대비 지구 평균기온 상승 폭을 1.5도로 제한하기 위해 '노력할 것'을 약속했습니다. 하지만 이 노력은 별다른 성과를 거두지 못했습니다.

2021년 8월, IPCC 6차 평가 보고서 총 4편 중 첫 번째인 '기후변화 2021: 물리 과학적 근거'가 발표됐습니다. 현재 기후의 상태와 앞으로 수십 년 동안 일어날 예상을 다뤘으며, 2021년 말에 열린 COP26에 정보를 제공하고자 계획보다 빨리 발표되었습니다. 일각에서는 IPCC 평가 보고서 내용이 190여 개국 제도권 정치의 감독을 받기 때문에 보수적인 타협에 기반한다고 비판하고 있습니다. 하지만 오히려 그렇기 때문에 최신 보고서의 결론이 더욱더 무서운 것이며 이 보고서의 발표로 지구 가열화 논쟁의 판도가 바뀌었다고 해도 과언이 아닙니다.

이번에 IPCC는 가차 없는 메시지를 전했습니다. 이미 배출된 탄소로 생긴 전면적인 기후변화는 우리가 사는 동안 피할 수도, 돌이킬 수도 없으며, 배출량을 즉각 대대적으로 줄이지 않는다면 지구 평균기온 상승 폭을 1.5도, 심지어 2도로 제한하는 것은 불가능하다고 경고했습니다.

지켜지지 않는 협약들

IPCC 6차 보고서가 COP26 협상에 끼친 영향을 따지면, 협상자들이 그 무서운 메시지를 받아들이긴커녕 보고서를 읽기는 했는지 궁금해집니다. 따라서 COP26 이후에도 온도 상승 폭을 1.5도로 제한하는 것은 사실 불가능합니다. 오히려, 기후행동추적Climate Action Tracker에 따르면 세계는 2100년까지 평균기온이 2.7도 상승하는 길을 걷고 있습니다. 이는 '최선'의 추정치이므로 실제로는 그보다 좀 더 높을 수 있습니다. COP26에서 약속한 단기 공약들을 잘 지킨다고 해도 최선의 추정치는 2.4도로 여전히 너무 높고, 최악의 경우 3도에 이를 것입니다. 장기 공약들을 달성하더라도 2도를 넘을 것입니다. 이런 상승 폭이 얼핏 사소해 보여도 전 세계의 평균이라는 사실을 명심해야 합니다. 지구 평균기온 상승 폭이 1.5도만 넘어도 여름철 폭염, 극심한 가뭄, 파괴적인 홍수, 농작물 수확량 감소, 급격한 해빙, 해수면 상승으로 곳곳이 몸살을 앓게 되며 2도가 넘으면 지구촌 전체가 흔들릴 겁니다.

우울하게도 현재(2022년 4월) 탄소 배출량의 80퍼센트를 차지하는 경제 대국 가운데 어느 나라도 파리에서 약속한 1.5도 제한 목표를 지키지 않고 있습니다. 영국은 코스타리카, 네팔, 몇몇 아프리카 국가들과 함께 이 목표를 이루기 위해 노력해 왔지만 아직 미흡한 실정입니다. 사실, 영국은 걱정스럽게도 후퇴하는 조짐을 보이고 있습니다. 호주, 브라질, 캐나다, 중국, 독일, 미국 같은 곳에서는 화석연료를 기반으로 한 시설을 계속 개발하고 있기에 기후 붕괴를 저지할 배출량 감축을 이룰 수 없습니다.

지금까지 140여 개국이 탄소 배출량을 최대한 줄이고 나무를 심거나 해서 초과 배출량을 상쇄한다는 이른바 '탄소 중립(온실가스 순 배출량 제로)'을 이루겠다고 약속했습니다. 일부 기업들은 달성 시점을 거의 무의미할 만큼 멀게 잡았지만, 130개 이상 기업이 2050년까지 탄소 중립을 이루겠다는 목표를 제시했습니다. 그래도 너무 늦습니다. 영국 기상청에 따르면 지구 평균기온 상승 폭은 10년 이내에 1.5도를 넘을 것이며 2023년 안에 넘을 확률도 10퍼센트나 됩니다.

세계가 탄소 중립을 이루겠다고 목표한 가장 이른 시점보다 훨씬 빠르게 1.5도 가드레일을 이탈하리라는 사실은 이제 모두가 받아들이고 있는 듯합니다. 이에 따라 탄소 중립을 이룰 때까지 배출되는 과잉 탄소를 기술적으로 흡수하자는 목소리가 점점 높아지고 있습니다. 문제는 그런 기술적 해결책이 아직 필요한 규모로는 존재하지 않을 뿐만 아니라 비용이 많이 들고 환경에 해를 끼치며 위험하다는 것입니다.

가장 중요한 문제는 많은 국가가 금세기 중반까지 탄소 중립을 이루겠다고 약속했지만 그에 대한 구체적인 전략이 없다는 것입니다. 이는 단기적으로(2030년까지) 배출량을 줄이려는 진지한 대응이 부족하며 장기적인 탄소 중립 계획이 허풍에 불과하다는 의미로 해석됩니다.

밤잠을 설치게 하는 우려, '티핑 포인트'

전 세계 기후학자들이 기온이 얼마나 더 많이, 얼마나 더 빠르게 오를지 알아내려고 애쓰지만, 기후계의 복잡성과 다양한 요인의 상관성 때문에 이를 정확하게 예측하기란 매우 어렵습니다. 다만 가장 낙관적인 기후학자도 이대로 지구 가열화가 계속되면 조만간 깜짝 놀랄 만한 일이 벌어질 거라는 데 동의할 겁니다. 나쁜 쪽으로 말이죠.

기후학자들의 밤잠을 설치게 하는 걱정은 우리가 하나 이상의 '티핑 포인트Tipping point', 다시 말해 돌이킬 수 없는 임계점을 지났을지도 모른다는 것입니다. 과열된 지구를 식히는 일은 타이태닉호의 방향을 돌리려는 시도와 비슷하며 이제 어떤 노력을 기울여도 빙산을 피할 수 없는 상황일지도 모릅니다.

마침 적절한 예가 그린란드 빙상입니다. 이 빙상이

대량으로 녹으면서 전 세계 해수면이 크게 오를 위험이 있습니다. 현재만 해도 해마다 4조 톤 이상의 얼음이 사라지고 있습니다. 설상가상으로 일부 연구자들은 우리가 이미 빙상의 티핑 포인트를 지났거나 지나기 일보 직전이라고 생각합니다. 기온이 더 오르지 않더라도 그린란드의 해빙 속도가 점점 더 빨라져 해수면이 7미터쯤 높아질 거라는 뜻입니다. 반드시 단기간에 일어난다고 단정할 수는 없지만 결국 피할 수 없을 것입니다.

이런 변화의 가속화를 '양의 되먹임 고리Positive feedbacks loop'라고 합니다. 인간이 아무런 활동을 하지 않아도 기온이 저절로 상승하는 것입니다. 예를 들어 고위도 기온이 오르면서 북극 캐나다와 시베리아의 광대한 영구 동토층이 녹아 그 아래 갇혀 있던 메탄가스가 방출되며 그 자생적인 순환으로 온난화가 심해집니다. 또 다른 예는 꾸준히 사라지는 북극 해빙(바다 얼음)입니다. 지구가 계속 달아오르면서 해빙이 빠르게 바다로 흘러들고 있습니다. 어두운 물은 흰 얼음보다 더 많은 열을 흡수하기에 고위도 기온이 올라가 해빙이 더 많이 녹게 됩니다.

이것 말고도 되먹임 고리는 많으며, 모두 온난화를 악화합니다. 문제는 이런 고리가 궁극적으로 지구 기온을 어디까지, 얼마나 빠르게 끌어올릴지 확실하게 알 수 없다는 점입니다. 이로써 얻을 수 있는 교훈은 기온 상승에 대한 예측은 최대치가 아니라 최소치로 받아들여야 한다는 것입니다.

2

지구 기후의
지그재그 변천사

골디락스 행성

지구는 시간이 흐르면서 아기 곰의 죽*처럼 완벽에 가깝
게 진화해 왔습니다. 현대 인류가 등장하기 전까지 말입
니다. 지구는 태양에서 1억 5,000만 킬로미터 떨어져 공
전하고 있습니다. 흔히 골디락스 존이라고 알려진 영역이
죠. 물이 주로 액체 상태이고 기후가 대체로 온화해서 생
명체가 생겨나고 살아가는 데 알맞은 환경입니다.

태양 주위를 끊임없이 도는 다른 일곱 행성과 마찬

---

* 너무 뜨겁지도 차갑지도 않은 딱 적당한 상태를 비유하는
표현. 동화 〈골디락스와 곰 세 마리〉에서 유래했다.

가지로 지구도 약 46억 년 전에 가스와 먼지구름이 붕괴하여 납작한 원반 모양이 만들어지면서 탄생했습니다. 이 원반 내부에서 수천만 년에서 수억 년 동안 잔해들이 소용돌이치면서 지구를 비롯해 태양계의 큰 행성들이 만들어졌는데, 이 과정을 '강착accretion'이라고 합니다. 이 강착의 어느 시점에서 원시 지구가 '테이아Theia'라는 가상의 천체와 충돌하여 파편들이 생겼는데, 이것이 뭉쳐 달이 되었다고 추측하고 있습니다.

45억 년 전, 우주 대격변 이후 지구 표면을 뒤덮고 있던 마그마 바다가 서서히 식어 단단한 지각이 형성되었습니다. 이 태초의 지각은 강착 과정에서 남은 소행성들한테 흠씬 두들겨 맞았고, 40억~38억 년 전 이른바 후기 대폭격Late Heavy Bombardment으로 또 한 번 두들겨 맞았습니다.

지름 100킬로미터가 넘는 천체와 100번 넘게 충돌한 뒤 지구 표면은 우리에게 익숙한 푸른 구슬이 아니라 울퉁불퉁하고 구멍 숭숭한 달처럼 보였을 겁니다. 충돌한 천체 가운데 일부 혜성, 암석, 수빙 들은 현재 지구의 3분의 2 이상을 덮은 바다의 구성 요소일 것입니다.

초기 지구의 기후는 오늘날과는 사뭇 다릅니다. 대기는 산소가 거의 없고 이산화탄소에 약간의 질소와 물이 섞여 있었습니다. 대기압도 오늘날보다 100배나 높았기에 전반적으로 쾌적한 환경은 아니었습니다.

당시 지구는 금성(태양에 3,800킬로미터 더 가까운 궤도를 도는 우리의 쌍둥이 행성)과 환경이 매우 비슷했습니다. 두 행성 모두 탄소에 찌든 대기의 강력한 온실효과로 타는 듯이 더웠죠. 하지만 시간이 흐르며 두 행성의 환경은 극적으로 달라졌습니다. 태양과 더 가까운 금성은 표면 온도가 높아져 물이 끓어올랐지만 골디락스 존에 있는 지구는 물이 바다 형태로 남았습니다. 바다는 이산화탄소 대부분을 흡수하여 온실효과를 억제하고 표면 온도를 낮췄습니다. 금성은 납도 녹일 만큼 뜨거운 불지옥이 되었지만 지구는 점점 더 생명체가 싹트기 좋은 환경이 되었고, 결국 우리도 생겨났죠.

지구 역사 초기에 생명체가 출현했다는 것은 골디락스 존 한복판에 있는 지구의 위치가 얼마나 축복받았는지 보여 주는 증거입니다. 42억 8,000만 년 된 암석에서 발견된 작은 관 무늬는 그보다 1억 년 앞서 생긴 바다의 열수구* 근처에 살았던 생물의 화석이라고 합니다. 이 주장

✻   따뜻한 물 또는 270~380℃ 되는 뜨거운 물이 바다 밑의 지각에서 스며 나오는 곳.

이 사실이라면 생명은 놀랍도록 빨리 싹튼 것입니다. 지구가 소행성과 혜성에 두들겨 맞는 대혼란 속에서도 이미 생물권은 원시적 형태로 존재하고 있었습니다.

그렇게 생명은 일찍 싹텄으나 번성하기까지는 아주 오랜 시간이 걸렸고, 그러기 위해서는 대기에 산소가 풍부해야 했습니다. 단세포 미생물인 남조류가 약 5억 년 동안 광합성을 통해 대기 중 산소 농도를 급격히 증가시켰는데, 이를 산소 대폭발 사건Great Oxidation Event이라고 합니다. 증가한 산소 농도는 초기 생명체들한테는 치명적이었지만 그 대신 산소에 의존하는 새로운 생명체가 늘었습니다. 다세포 생물은 20억 년 전에 처음 등장했으며 그 후로 쭉 진화를 거듭했죠.

40억 년이 넘는 무의식적 실험 끝에 공기, 물, 땅, 생명체 등 지구의 각 구성 요소는 안정적인 환경을 유지할 수 있는 균형을 이루었습니다. 저명한 화학자 제임스 러브록James Lovelock이 그리스신화에 나오는 만물의 모태인 '가이아Gaia'의 이름을 붙인 이 구조는 생존에 유리한 서식지를 유지하기 위해 만물이 협력하는 자체 조절 시스템으로 초유기체처럼 작동합니다.

문제는 이제 가이아가 점점 병들어 가고 있다는 것입니다. 여러 지질시대와 자연적인 기후 충격을 담담히 견

떴던 가이아가 광범위하게 일어나는 환경 파괴와 다양성 손실로 지구 역사상 최악의 속도로 배출되는 방대한 온실 가스를 처리하지 못해 분투하고 있다는 것을 의미합니다. 러브록은 가이아가 단기간에 이 상황을 극복할 수 없으며 문명이 현재 진행 중인 기후 붕괴에서 살아남기 어려울 것이라는 견해를 밝혔습니다. 이는 지금부터라도 우리가 반드시 새겨들어야 할 견해입니다.

지구 기후의 세 가지 모드

지구 전체를 뒤덮은 마그마 바다에서 인류를 탄생시킨 쾌적한 기후 환경으로 가는 과정은 길고 험했습니다. 이 긴 여정 동안 지구는 여러 이유로 여러 차례 빙실과 온실을 오갔습니다.

기본적으로 지구의 기후는 세 가지 모드가 있는 자연 온도 조절기에 따라 조절됩니다. 각 모드에는 고유한 조건과 온도 체계가 있습니다.

'온실' 모드로 설정되면 지구는 얼음이 없고 열대성 기후가 극지방까지 확장됩니다. 이 모드는 지구의 오랜 역사 중 4분의 3이 넘는 기간 동안 지속되었습니다. 나머지 기간의 대부분은 온도 조절기가 '냉방'으로 설정돼 있었기에 기온이 떨어지고 극지방의 빙상이 불어나 때로는 저위도까지 확장되었습니다. 가장 극단적인 모드인 '냉동'이 설정되면 지구는 완전히 또는 대부분 얼음으로 뒤덮이게 됩니다. 이 모드는 단 두 번 설정되었는데, 다행히 두 번 모두 우리가 등장하기 훨씬 전의 일입니다. 첫 번째는 24억 년 전부터 21억 년 전까지의 휴로니안 빙하기Huronian glaciation로, 얼음이 지구 표면 전체를 덮어 이른바 눈덩이 지구Snowball Earth 상태가 되었을 것입니다.

그 원인은 산소 대폭발 사건 동안 남조류가 내뿜는 산소가 대기 중 메탄에 반응하여 물과 이산화탄소로 분해되면서 온실효과가 약화되었기 때문이라고 널리 알려져 있습니다. 이산화탄소는 메탄보다 열 보유력이 떨어지기에, 그 결과 점진적으로 깊은 냉각이 이뤄졌습니다. 당시 태양의 밝기가 오늘날의 16퍼센트 수준으로 훨씬 낮았다는 사실도 기온 하강에 박차를 가했을 것입니다.

온도 조절기가 다시 냉동 모드로 바뀐 건 7억 2,000만 년 전부터 6억 3,500만 년 전까지의 크라이오제니아기 Cryogenian Period입니다. 이 시기는 지구 역사상 가장 추운 빙하기였으며 지구 평균기온이 영하 12도였고 적도 기온은 오늘날 남극만큼 낮았습니다. 혹독한 추위가 반복되면서 지구는 여러 차례 얼음으로 뒤덮였지만 최근 연구에 따르면 적도 지역에는 물이 남아 있었다고 합니다. 눈덩이 지구의 원인에 대해서는 논쟁의 여지가 있습니다. 물론 태양이 지금보다 약 6퍼센트 어두웠기에 냉각에 한몫했을 것입니다. 이 밖의 주요 원인은 암석이 대기와 화학 반응을 해서 부서지는 풍화 과정 그리고 새로운 생명체들이 골격을 만드는 과정에서 대기 중 이산화탄소 농도가 크게 낮아진 것으로 여겨집니다.

5억 4,100만 년 전 캄브리아기Cambrian Period가 시작된 이래 지구 온도 조절기는 대체로 얼음 없는 온실 상태에 머물러 있었습니다. 캄브리아기의 가장 큰 특징은 캄브리아기 대폭발Cambrian Explosion로 알려진 생명체의 엄청난 다양화인데, 아마 이 시기에 얕고 따듯한 바다가 지구 대부분을 덮고 있어서였을 것입니다. 이 기간에 두 차례 온도 조절기가 잠시 냉방 모드로 전환돼 짧은 빙하기가 왔지만 대체로 지구 평균기온은 27도 이상이었으며 30도까지 올라가기도 했습니다. 그에 비하면 오늘날은 14.9도에 불과하죠.

드물게 시원할 때도 있었지만 2억 5,000만 년 전 트라이아스기Triassic Period 초부터 6,600만 년 전 백악기 Gretaceous Period를 끝낸 대규모 소행성 충돌까지 온실 모드가 장악했는데, 이 기간은 공룡의 출현과 번성, 멸종 시기와 거의 정확히 일치합니다.

그 뒤 얼마 지나지 않아, 지구 평균기온은 팔레오세–에오세 극열기Palaeocene-Eocene Thermal Maximum에 급등했다가 쭉 하향길을 걸었습니다. 지난 5,000만 년 동안 지구의 기후는 대체로 시원했으며 온도 조절기는 냉방 모드로 기울어졌습니다. 약 4,500만 년 전에 남극에 최초의 빙하가 형성됐고, 2,000만 년 전에는 빙상이 완전히 형성되었습니다. 냉각이 계속되면서 약 700만 년 후에는 그린란드를 포함한 북극 지역에 얼음이 덮이기 시작했습니다.

인도 지각판이 유라시아에 충돌하면서 히말라야산맥이 형성되었는데, 이 과정에서 장기 냉각이 일어났을 가능성이 가장 큽니다. 이 거대한 산맥이 급격히 융기하면서 대기 이산화탄소를 제거하는 화학적 풍화작용이 심해져 온실효과가 점차 줄어들었습니다.

260만 년 전, 플라이스토세Pleistocene가 시작되었습니다. 이 기간에 빙하들은 지난 75만 년 사이에만 여덟 번이나 극지방 너머로 확장되어 온대지방까지 혹독한 추위를 몰고 왔습니다. 그렇다 해도 기후가 내내 혹독했던 것은 아닙니다. 빙기와 간빙기를 번갈아 오가며 얼음이 후퇴하고 기온이 오늘날만큼은 아니더라도 비슷하게 온화한 때가 많았습니다.

얼음의 전진과 후퇴는 무작위가 아니며, 그 시기는

태양 주위를 도는 지구의 움직임으로 설명할 수 있습니다. 지구는 우주를 여행하며 다양한 방식으로 다양한 시간대에 흔들립니다. 이러한 움직임은 오랜 시간에 걸쳐 지구의 공전 궤도와 자전축에 변화를 일으킵니다. 이런 변화는 예측 가능할 뿐 아니라 빙하의 전진과 후퇴 시기와도 완벽하게 일치합니다.

마지막 빙기는 불과 2만 년 전에 정점을 찍고 그 이후로 지구는 현재까지 따뜻해졌습니다. 공식적으로는 1만 2,000년 전에 새로운 간빙기인 홀로세(Holocene, '완전히 새로운'이라는 뜻의 그리스어에서 유래)에 접어들었지만, 우리의 이야기는 여기서 끝이 아닙니다. 우리는 아직 빙하기에 머물러 있으며 자연을 그대로 내버려 둔다면 아마도 1만 년 이내에 추위가 다시 찾아올 겁니다. 하지만 인간의 활동으로 생긴 지구 가열화 때문에 다음 빙기는 사실상 무기한 연기되었습니다.

이렇게 지구 역사의 롤러코스터를 타면서 우리가 놓쳐서는 안 될 핵심 메시지가 있습니다. 기후가 춥고 더운 데 영향을 미치는 요인은 태양 활동의 변화, 지구의 자전축 기울기와 공전 궤도의 기하학적 구조, 대륙의 배치도 있지만, 결정적인 요인은 늘 대기 중 온실가스 특히 이산화탄소의 농도였다는 것입니다. 이산화탄소 농도가

420ppm을 찍고 상승세를 이어 가는 지금, 우리는 그 메시지를 무시하고 있습니다.

나니아에서 에덴*으로

마지막 빙기가 절정에 달했을 때 대기 중 이산화탄소 농도는 180ppm으로 매우 낮았으나 불과 8,000년 후(지질연대로 보면 눈 깜짝할 사이)에 260ppm이 되었습니다.

2만 년 전 지구의 평균기온은 지금보다 6도 이상 낮았고 두께가 몇 킬로미터나 되는 빙상이 북미와 남미, 유럽과 아시아의 대부분을 덮고 있었으며 해수면은 130미터나 낮았습니다. 그런데 약 1만 2,000년 전에 기적에 가까운 변화를 겪고서 지구는 우리 문명이 번성할 수 있는 온화한 세계로 변했습니다. 지구 역사상 가장 역동적이었던 이 시기에는 급격하게 기온이 올라 총 5,200만 세제곱킬로미터나 되는 빙상이 치즈처럼 녹아내려 막대한 융해수가 바다에 쏟아졌습니다.

이때의 환경과 기후 대혼란은 나니아에서 에덴으로 전환되는 시점으로 플라이스토세 시대의 끝을 알렸습니

---

* 나니아는 판타지 소설《나니아 연대기》의 배경인 빙하시대, 에덴은 성경에 나오는 낙원을 가리킨다.

다. 뒤이은 홀로세는 적어도 인간 활동이 개입하기 전까지 지구의 기온이나 대기 중 이산화탄소 농도가 비교적 안정된 기후가 특징이었습니다.

그래도 많은 일이 벌어지기는 했습니다. 홀로세 초기에는 거대한 빙상의 부스러기가 계속 녹아내려 해수면이 현재 수준까지 올라갔습니다. 동시에 고위도 지역의 얼음층 아래 함몰돼 있던 지각 일부가 후빙기 지각 반동post-glacial rebound이라는 작용으로 빠르게 융기하고 있었습니다. 이 작용은 스칸디나비아지방을 진도 8 이상의 지진으로 뒤흔들고, 아이슬란드의 화산 분출률을 최대 100배까지 끌어올리는 등 격렬한 반응을 일으켰습니다.

현재도 후빙기 지각 반동은 한때 거대한 빙상으로 덮여 있던 지역에서 계속되고 있습니다. 전 세계적 추세와는 반대로 스웨덴과 핀란드 연안 같은 일부 지역에서는 융기율이 여전히 높아서 마치 해수면이 하락하고 있는 것처럼 보입니다. 하지만 이대로 지구 가열화가 계속되면 해수면 상승률이 융기율을 압도해 이런 현상도 곧 자취를 감출 겁니다.

홀로세에 인류가 급격히 팽창한 것은 우연이 아닙니다. 온화해진 기후에 힘입어 수렵과 채집에서 농경으로 생산방식이 전환되면서 인간은 더 큰 공동체에 모여 살게

됐고, 마침내 최초의 도시를 건설했습니다. 플라이스토세 시기에 비하면 확실히 안정적이었지만 홀로세에도 종종 기상이변이 일어났으며 그중 일부는 인류 문명 발전에 중요한 역할을 하기도 했습니다.

가장 주목할 만한 것은 8.2ka 이벤트('ka'는 '천만년 전'을 뜻함)로 알려진 한파입니다. 원인은 북아메리카 대륙의 거대한 빙하호가 북대서양으로 흘러드는 사태가 벌어졌기 때문입니다. 약 16만 세제곱킬로미터의 차가운 담수가 흘러들면서 거의 하룻밤 사이에 해수면이 최대 4미터까지 상승하고 멕시코만류가 정체되면서 냉각 상태가 몇 세기 동안 지속되었습니다.

세계 곳곳의 기온이 5도까지 떨어지면서 아시아와 아프리카 일부 지역에서는 가뭄이 수백 년간 이어졌습니다. 이 극심한 가뭄은 뜻밖에도 인류 문명의 발전에서는 축복이었습니다. 고대 메소포타미아에서는 물 부족으로 관개시설이 발달하고 사회 결속이 강해져 식량 부족에 더 잘 대처할 수 있었던 것으로 보입니다. 확실히 이 시기는 더 큰 공동체의 성장과 함께 인구가 증가했습니다.

8.2ka 이벤트는 주기적으로 발생해 홀로세의 온기를 전반적으로 떨어뜨리는 본드 이벤트Bond Event로 알려진 한파 가운데 하나였습니다. 다른 한파들의 근본적인 원인

은 확실하지 않지만 북대서양 해류의 주기적인 변화나 태양 활동의 일시적인 감소 때문일 수 있습니다. 가장 최근 현상인 소빙하기(16~19세기 북반구의 완만한 냉각)는 태양 활동이 줄어든 몬더 극소기 Maunder Minimum 와 대체로 일치합니다.

전반적으로 홀로세의 지구 평균기온은 상승세를 보였고, 약 5,000년 전 기후 최적기 Holocene Climatic Optimum 에는 북반구의 여름 기온이 현재 수준이었을 수 있습니다. 그때부터 기온이 계속 떨어지다가 20세기 초 인간이 불러온 지구 가열화가 본격화되면서 지난 반만년에 걸친 자연 냉각이 상쇄되었습니다.

오늘날 우리는 새로운 빙하시대가 아니라 폭염과 산불, 최악의 가뭄이 들끓는 세상을 마주하고 있습니다. 홀로세의 온화한 기후가 끝나고 새로운 기후 혼돈의 시대로 접어들고 있다고 해도 과언이 아닙니다. 실제로 많은 학자는 우리가 새로운 지질시대에 들어섰다고 한동안 주장해 왔으며, 심지어 그리스어로 인간을 뜻하는 'anthropos'를 따서 이 시대를 인류세 Anthropocene 라고 하자고 제안했습니다.

아직 공인된 개념은 아니지만 인류세가 홀로세 이후의 지질시대를 가리키는 이름으로 인정받는 것은 시간문제입니다.

　인류가 수천 년 동안 어떻게든 환경에 영향을 미쳐 왔다는 점을 고려할 때 인류세의 시작점을 어디에 찍어야 하는지는 의견이 분분합니다. 하지만 핵폭발과 원자로 사고로 유출된 방사능, 산업 공정에서 배출된 중금속과 미세 플라스틱이 땅속에서 발견되기 시작한 1900년대 중반부터 인류세가 시작되었다고 보는 사람이 많습니다. 시작점을 어디에 찍든, 인류가 멋대로 자연을 주무르며 지구의 패자로 군림하고 있다는 것은 확실합니다.

인류세의 시작

앞에서 잠깐 언급했듯이 온실가스는 본래 나쁜 것이 아니며 실제로 지구 대기를 구성하는 중요한 요소입니다. 이산화탄소, 메탄, 아산화질소, 수증기와 기타 온실가스가 함께 작용하며 일으키는 온실효과는 지구를 우주의 극한 추위로부터 막아 주는 역할을 합니다. 온실효과가 없다면 지구는 생명 없는 얼음덩어리일 것입니다.

　온실가스는 비닐하우스와 비슷한 방식으로 작용합니다. 태양 복사열을 통과시켜 지표면에 이르게 하지만 그 열이 다시 우주로 빠져나가는 것을 막습니다. 화창한 날 비닐하우스 안에서 토마토와 고추가 잘 자라듯이, 지구의 생명체는 대기 중 온실가스로 인한 기온 상승의 혜택을 받아 왔습니다. 문제는 온실가스의 농도가 너무 짙어지면 지표면이 달궈져 안정된 기후가 무너진다는 것이죠. 지금 우리가 하는 일은 자연 온실에 인공 온실을 겹쳐 짓는 일과 비슷합니다.

앞서 저는 인간이 초래한 지구 가열화의 책임을 리처드 아크라이트에게 돌렸는데, 사실 인간은 수천 년 동안 대기에 영향을 끼쳤습니다.

1만~1만 5,000년 전, 빙하기의 제왕으로 군림했던 매머드와 마스토돈의 수가 급격히 줄었습니다. 후빙기의 급격한 온난화가 큰 영향을 미쳤다는 데는 의심할 여지가 없지만, 창으로 무장한 인간 사냥꾼들도 큰 역할을 했다는 주장이 제기되고 있습니다. 매머드와 비슷한 종들이 진화의 쓰레기통에 버려지면서 그들의 먹이였던 초목들이 번성하여 캐나다와 러시아 툰드라의 초원으로 빠르게 번진 것으로 보입니다. 어두운 풀은 밝은 풀보다 태양 복사열을 더 많이 흡수하기에 이 지역의 기온은 0.2도, 일부는 1도까지 올랐을 수 있습니다. 인간이 정녕 이 장엄한 동물의 멸종에 일조했다면 이는 인류가 의도치는 않았으나 환경에 개입한 최초의 사례이며, 인간 활동으로 인한 지구 가열화의 시초가 될 것입니다.

수천 년 뒤 수렵 채집인들은 매머드 사냥에 흥미를 잃었는데, 아마 당시에 매머드의 개체 수가 그리 많지 않았기 때문일 겁니다. 재배할 수 있는 따뜻한 환경과 안정적인 식량 공급에 고무된 인간들은 집단으로 정착해 가축과 농작물을 기르기 시작했습니다. 농경은 약 1만 500년 전 서남아시아의 유프라테스강과 티그리스강 사이 '비옥한 초승달 지대'를 발원지로 보지만, 전 세계 많은 곳에서 제각기 퍼져 나갔습니다.

약 8,000년 전, 농경이 널리 보급되면서 우리의 먼 조상들은 농경지를 확보해야 했고, 그 결과 유럽과 아시아 전역에서 대규모 삼림 벌채가 이뤄졌습니다. 숲을 태우고 탄소를 흡수할 나무가 줄어들면서 이산화탄소 농도는 약 260ppm에서 산업화 이전 수준인 280ppm으로 상승했습니다.

다시 몇 천 년 뒤, 대기 중 메탄 농도도 상승하기 시작했습니다. 특히 아시아 전역에서 점점 퍼지던 쌀 재배가 그 원인으로 지목됩니다. 인공 습지인 논이 강력한 온실가스를 배출하며 오늘날 쌀 생산은 농업으로 생기는 메탄 배출량의 약 10퍼센트를 차지합니다.

요컨대 인류의 생산방식이 수렵과 채집에서 농경으로 전환되면서 지구 평균기온이 약 1도, 고위도 지역에서는 최대 2도까지 올라간 것으로 추정합니다. 당시 지구의 전체 인구가 500만 명 정도밖에 안 됐다는 점을 고려하면 놀라운 수치입니다. 인구가 80억 명에 살짝 못 미치는 지금 이 시점에 지구의 기후가 앞으로 어떤 혼란을 겪게 될지는 불을 보듯 뻔합니다.

다른 간빙기 때 패턴을 보면 지난 약 1만 년 동안 대기 중 이산화탄소의 양은 감소해 왔으며 지금쯤이면 250ppm 이하로 떨어져야 합니다. 하지만 현실은 그 반대입니다. 앞서 말한 대로 2021년에 거의 420ppm으로 정점을 찍었는데, 이는 산업화 이전보다 50퍼센트 증가한 수치이며 약 1,500만 년 사이 가장 높은 농도입니다. 배출량을 대대적으로 줄이지 않는다면 2070년대, 혹은 더 일찍 대기 중 이산화탄소 농도가 산업화 이전의 두 배인 560ppm에 이르러 지구는 심각한 온실 상태가 될 것입니다.

우리가 지구를 둘러싼 보온재를 지금처럼 늘린다면 극지방의 빙하가 녹는 속도는 계속 빨라지고 해수면은 계속 높아지며 기상이변으로 더 큰 피해가 일어날 것입니다. 인공 온실 상태가 지속될수록 인류의 미래는 더욱 위태로워집니다. 온실가스 농도를 낮춰 자연적 간빙기 기후로 되돌리려면 더 극단적인 조치와 더 긴 세월이 필요할 것입니다.

3

덥고 습한 날씨에 대륙 빙하가 녹아내립니다

오늘날의 기후

2021년 6월 29일, 캐나다 브리티시컬럼비아주 남부의 한적한 마을 리튼은 섭씨 49.6도라는 엄청난 기온을 기록해 캐나다 역대 최고 기록을 거의 5도나 앞질렀습니다. 북위 50도 이북 지역인데도 유럽과 남미의 그 어느 곳보다 더웠죠. 다음 날 리튼은 타는 듯한 더위가 일으킨 산불로 지구에서 사라졌습니다.

그리고 2주 뒤인 7월 12일, 느리게 이동하던 뇌우가 런던에 한 달 치 비를 쏟아부어 곳곳에서 돌발 홍수가 일어나면서 하수도들이 역류하고 교통이 마비됐습니다. 하지만 그보다 더 심각한 상황이 이어졌습니다. 그 뒤 사흘

동안 벨기에 동부, 룩셈부르크, 독일 서부에도 저기압이 발생했습니다. 남쪽에서 빨아들인 덥고 습한 공기가 일부 지역에 1,000년 만에 최악의 대홍수를 일으켰고, 물의 파괴력이 유럽 중심부의 부유한 지역사회를 초토화하는 충격적인 장면을 연출했습니다.

지구 가열화로 인한 기상이변이 예고 없이 찾아와 먼 나라도 아닌 고작 해협 너머에서 끔찍한 피해를 일으켰습니다. 안심하기엔 너무 가까웠죠. 억수같이 퍼붓는 비, 둥둥 떠다니는 시체, 철거된 집들의 이미지를 내가 사는 지역에 대입하기 너무나 쉬웠습니다.

사상 초유의 북미 폭염으로 약 1,000명, 유럽 홍수로 250명에 가까운 사람들이 목숨을 잃었습니다. 재산 피해는 총 110억 달러가 넘었습니다. 하지만 이는 2021년 지구 곳곳에서 인명과 생계를 앗아간 기상이변 가운데 두 사례에 불과합니다. 튀르키예, 중국, 일본, 인도, 파키스탄, 미국, 뉴질랜드에서도 엄청난 홍수가 발생해 많은 지역을 덮쳤습니다. 한편 시베리아와 캘리포니아주에서는 사상 최악의 산불이 일어났고 미국 서부, 중앙아시아, 남부 아프리카에서는 가뭄이 더욱 심해졌습니다. 캐나다뿐 아니라 북미와 남유럽 대부분 지역에서 역대 최고 기온 기록이 깨졌습니다. 시칠리아는 48.8도로 유럽 기록을 깼으며 캘리포니아주의 데스 밸리는 54.4도로 지구상 최고 기온을 기록했습니다.

이제 기후 붕괴의 미래를 그려 보기 위해 스마트폰이나 텔레비전 화면을 들여다볼 필요가 없습니다. 지구 평균 기온 상승치는 계측기로만 파악할 수 있지만, 기상이변으로 나타나는 기후변화의 여파는 이제 누구나 볼 수 있죠.

기후 위기에 회의적인 사람들은 악천후가 어제오늘 일이 아니라고 지적할지도 모릅니다. 하지만 곳곳에서 기상 기록이 기록적인 속도로 깨지는 상황은 분명 심상치 않은 일이 벌어지고 있음을 보여 줍니다. 게다가 이제 지구 가열화로 특정 기상 현상이 일어날 가능성을 계산할 수 있습니다. 예를 들어 2021년 유럽 홍수는 지구 가열화가 없을 때보다 발생 가능성이 9배나 컸습니다. 2021년 초여름에 북미 서부 지역을 뜨겁게 달군 '열돔' 현상*은 사실 1,000년에 한 번 있을까 말까 한 사건인데 지구 가열화로 발생 가능성이 150배나 커졌습니다. 분석한 400여 건의 기상이변 가운데 무려 70퍼센트가 지구 가열화의 결과로

✻   지상 10킬로미터 이내 상공에서 발달한 고기압이 정체된 상태에서 반구 모양의 열막을 형성해 뜨거운 공기를 지면에 가둬 놓는 기상 현상.

발생 가능성이 더 커지거나 심해진 것으로 밝혀졌습니다.

기상이변의 빈도와 강도가 현저히 높아지면서 가장 걱정스러운 점은 이런 현상이 기온이 조금만 올라가도 일어난다는 것입니다. 2022년 기준 지난 8년은 기록상 가장 뜨거웠는데, 지구 평균기온은 지난 20년 동안 산업화 이전보다 1도 올라간 수준이었습니다. 지구 가열화의 속도가 점점 빨라지고 있다는 증거는 상승 폭이 2021년에 1.2도를 찍었다는 사실에서 확인할 수 있습니다.

하지만 지구의 평균기온 상승은 아주 단편적인 표현입니다. 지구상 어느 곳도 지구 가열화의 영향에서 안전하지 않으며 IPCC의 평가 보고서에는 지금까지의 소폭 상승만으로 일어난 다양한 결과가 나열돼 있습니다.

폭염이 더 심해지고 더 오래가는 것은 당연합니다. 대기가 뜨거울수록 수증기를 더 많이 머금어서 강우량이 증가하고 집중호우와 심각한 홍수가 자주 일어납니다. 폭풍의 진로가 고위도로 이동하고 허리케인의 빈도와 강도가 커지고 있습니다. 바다가 따뜻해져 산호초가 죽어 나가며 육지의 수많은 동식물이 해마다 최대 10킬로미터씩 북상하는 기후대와 식생대를 따라잡기 위해 고투하고 있습니다. 이런 이동은 먹이 변화, 번식과 수분 문제, 개체수 감소로 이어집니다. 극지방의 빙하는 예상대로 급격히 후퇴하고 있으며 1980년대 이후 북극 해빙이 덮고 있던 면적은 최대 40퍼센트까지 줄어들었습니다. 현재 연간 0.5센티미터의 해수면 상승치는 그린란드와 남극의 빙상이 빠르게 녹는 형세를 반영합니다. 0.5센티미터가 아무리 미미해 보여도 1900~1990년보다 4배나 높으며 이대로 가속하면 수십 년 안에 훨씬 높은 수치를 보게 될 것입니다.

이 모든 상황을 종합해 보면 기후 붕괴는 먼 미래의 일이 아닙니다. 오히려 현재, 바로 지금 우리 곁에서 일어나고 있습니다. 기상이변이 급증하는 상황은 우리 기후가 혹독한 온실 상태로 일상화될 변화의 정점에 있다는 현실을 보여 줍니다. 얼마나 혹독할지는 전적으로 우리의 결단력에 달렸습니다.

악마는 디테일에 있습니다*

노르웨이 본토와 북극의 중간 지점에는 스발바르제도가 있습니다. 이곳은 해가 10월 26일에 져서 2월 15일까지 나타나지 않으며 도로에는 북극곰을 조심하라는 경고 표

---

* "The devil is in the detail" 겉으로는 간단해 보여도 자세히 들여다보다보면 복잡한 문제가 숨어 있다는 뜻의 속담.

지판이 있습니다.

스발바르에는 세계 최북단 마을인 롱위에아르뷔엔이 있는데 지구상에서 가장 빠르게 기온이 오르는 곳으로도 유명합니다. 실제로 1971년 이후 이곳의 평균기온은 지구 평균보다 무려 5배 빠른 4도나 올랐습니다. 이 속도가 계속된다면 이 마을과 제도 전체의 기온이 금세기 말까지 10도 더 오를 것입니다.

롱위에아르뷔엔 주민들은 이미 지구 가열화로 피해를 겪고 있습니다. 눈보다 비가 자주 오면서 대기는 점점 더 습해지고, 혹한의 고요함이 아닌 거센 폭풍우가 겨울밤을 할퀴곤 합니다. 영구 동토층이 녹으면서 건물 지반이 무너지고, 개 썰매를 타려면 바퀴를 달아야 할 지경입니다. 겨울에는 (적어도 이론상) 얼음층을 딛고 북극까지 걸어갈 수 있었지만 더는 그럴 수 없습니다. 스발바르의 약 60퍼센트를 덮고 있는 빙하가 빠르게 후퇴하면서 홍수 위험이 커졌습니다. 눈비로 산의 경사면이 불안정해지면서 눈사태도 증가하고 있습니다. 2015년에는 한밤중에 수케르토펜산의 눈사태가 교외를 덮쳐 주민 2명이 죽고 8명이 다치는 사고가 있었습니다.

스발바르에서 일어나는 일은 지구 가열화의 중요한 측면을 보여 줍니다. 기온이 모든 곳에서 같은 속도로 상승하지는 않는다는 것입니다. 이는 지구 '평균'기온 상승이라는 일반적인 용어에 가려져 있습니다. 기후 비상사태가 한창인 지금도 많은 사람이 지구가 이미 1도 이상 더워졌다는 말을 듣고도 별 관심을 안 보입니다. 태도의 온도가 1도 수준입니다. 일부 영국인들은 걱정하기는커녕 오히려 좀 더 더워야 여름의 눅눅함이 가실 거라고 한가한 소리를 합니다.

스발바르의 상황을 보면 얼핏 무해해 보이는 지구 평균 수치가 오해와 안일함을 불러일으키고 진짜 현실의 구체적인 모습들을 가리고 있음을 알 수 있습니다. 기후학자들이 흔히 말하듯이, 지구 평균기온에서 사는 사람은 아무도 없습니다. 각기 다른 지역이 각기 다른 속도로 가열되고 있습니다. 오히려 미국 남동부 같은 일부 지역은 단기적으로나마 냉각 추세입니다.

고맙게도 바다는 지난 반세기 동안 인간 활동으로 발생한 열의 90퍼센트 이상을 흡수했습니다. 이는 하루 24시간 365일 내내 토스터 4,400억 개에서 내뿜는 열을 삼키는 속도입니다. 공기보다 물을 데우는 데 훨씬 더 많은 에너지가 든다는 사실과 바다의 엄청난 부피 때문에 현재 해수면 온도는 산업화 이전 대비 0.9도에 조금 못 미치게 올랐으나 그 속도는 점점 빨라지고 있습니다.

반면에 (우리의 터전이기에 관련성이 훨씬 큰) 육지의 기온은 같은 기간에 평균 1.6도로 훨씬 빠르게 상승했습니다. 육지 면적이 크고 해류가 열을 전달해 주는 북반구는 대부분이 바다인 남반구보다 더 빠르게 가열됩니다. 지구 가열화의 영향이 북반구 육지에서 더 기세를 부리고 있다는 뜻입니다. 특히 폭염과 가뭄이 더 자주, 더 오래, 더 강하게 발생합니다. 산악 빙하가 빠르게 후퇴하고 있으며 암벽을 지탱하던 영구 동토층이 녹아내리면서 낙석과 산사태 위험이 증가하고 있습니다.

가열 속도는 육지마다도 다릅니다. 스발바르 같은 고위도 지역은 열대지방보다 기온이 훨씬 빨리 상승하는데, 이를 극지방 가열화 증폭 현상이라고 합니다. 여러 원인이 있겠지만 주된 원인은 흰 얼음이 어두운 바다나 육지로 대체되어 태양열을 더 많이 흡수하기 때문입니다. 고위도 지역에서 가열화의 영향이 더 큰 것이 심각한 이유는 이 지역에 지구상 대부분의 빙상과 동토가 있기 때문입니다. 이 지역의 기온이 상승하면 빙상 붕괴, 해수면 상승, 영구 동토층의 메탄 폭발이 지구 가열화에 박차를 가할 것입니다.

남극반도(칠레를 향해 북쪽으로 길게 뻗은 땅)도 북극의 스발바르와 마찬가지로 1950~2000년 사이에만 기온이 3도 가까이 오르며 지구 평균보다 5배 빠르게 가열되고 있습니다. 지구의 꼭대기 알래스카는 지난 50년 동안 기온이 2도 이상 올랐으며 가열화는 더욱 빨라지고 있습니다. 영구 동토층이 녹으면서 건물과 도로가 내려앉고 산사태의 위험이 늘어나고 있습니다.

2019년 알래스카의 32곳에서 고온 기록이 깨졌고, 앵커리지는 사상 처음으로 32도를 기록했습니다. 2012년에는 여러 곳에서 27도를 넘었고 페어뱅크스에서는 31도를 기록해 또 한 번 역대 최고 기록을 깼습니다. 믿기 어렵지만 눈과 얼음의 땅으로 알려진 알래스카 전역에서 산불이 점점 늘고 있습니다.

악마는 디테일에 있습니다. 자세히 들여다보면 지구는 최악의 방식으로 달아오르고 있습니다. 얼음이 가장 많은 지역의 기온이 가장 큰 폭으로 오르며 해수면이 급격히 상승할 가능성이 치솟고 있습니다. 육지가 바다보다 빠르게 가열되어 우리의 삶과 생계를 뒤흔들고 열대우림과 북극 툰드라처럼 열에 민감한 환경에 심각한 타격을 주고 있습니다. 전체적으로, 전망은 그리 좋지 않습니다.

고장 난 기후

한때 안정적이었던 기후는 의심할 여지 없이 망가졌으며

그 증거로 기상이변이 우리 주변 곳곳에서 자주 일어나고 있습니다. 이 둘은 어떻게 연결될까요? 지구 가열화는 어떻게 계절, 달, 심지어 매일의 날씨를 변화시킬까요? 하나의 답은 없지만 큰 틀로 보자면 기후가 무너지면 전 세계 기상 패턴이 요동쳐서 기상이변이 속출합니다. 극심한 더위뿐 아니라 매서운 추위가 몰아치기도 합니다.

더 자세하게는 가장 큰 타격을 받고 있는 북극부터 살펴보겠습니다. 알다시피 북극은 매우 춥습니다. 좁은 띠 형태의 제트기류가 8~12킬로미터 상공에서 서에서 동으로 빠르게 흐르며 남쪽의 따뜻한 공기를 차단합니다.

북극의 제트기류(남반구에도 있습니다)는 찬 공기를 머금고 시속 400킬로미터로 이동합니다. 이름처럼 직선으로 빠르게 흐르지만 때로는 강물처럼 굽이굽이 흐릅니다. 제트기류의 속도는 고위도와 저위도 사이의 온도 차이가 클수록 빨라집니다. 문제는 해빙이 녹아 드러난 어두운 바다가 더 많은 열을 흡수하면서 두 위도의 온도 차가 점점 줄어들고 있다는 것입니다. 그 결과 제트기류가 더 느려지고 들쑥날쑥해져서 찬 공기는 남쪽으로 더 뻗어내려가고 따뜻한 공기는 북쪽으로 더 치솟게 됩니다. 가열화가 빨라지면서 북극에서만 일어나던 일들이 북극을 벗어나는 것입니다.

가끔 제트기류는 격렬히 굽이치다 못해 오메가(Ω) 모양을 만들기도 합니다. 저기압 영역이 중앙의 고기압 영역을 둘러싼 이러한 오메가 블록들은 서에서 동으로 이동하는 기후 흐름을 막으며 한 번 만들어지면 쉽게 풀어지지 않습니다. 따라서 한 번에 몇 주, 심지어 몇 달 동안 이상기후가 이어지곤 합니다.

2013년 봄 미국과 유럽 대부분 지역에서 맹추위가 기승을 부렸는데, 이런 현상은 극소용돌이, 다시 말해 오메가 블록을 휘돌아 북극의 찬 공기를 끌어 내리는 저기압에 의해 일어납니다.

반면 블록 내부의 고기압권에서는 무더운 날씨가 이어집니다. 7만 명 이상의 목숨을 앗아간 2004년 유럽 폭염과 2021년 북미 서부를 오래 괴롭힌 열돔이 그 예입니다. 영국에서 기록상 가장 더웠던 2020년 봄도 3월부터 5월까지 오메가 블록이 상공 근처에서 고기압을 유지한 결과였습니다.

격렬히 굽이치는 제트기류의 블로킹(공기벽) 현상은 때때로 폭풍의 진로를 이탈시켜 재앙 같은 결과를 낳기도 합니다. 예를 들어 2012년 10월 허리케인 샌디는 북대서양에서 고기압 블로킹의 영향으로 육지로 향해 뉴욕과 뉴저지주를 강타했습니다. 2018년 허리케인 플로렌스도 비숫한 패턴으로 노스캐롤라이나주로 방향을 틀어 해안과 내륙에 대규모 홍수를 일으켰습니다.

설상가상으로 허리케인은 속도도 느려졌습니다. 이는 한 지역에 오래 머무르며 더 큰 피해를 줄 수 있다는 뜻입니다. 2017년 8월 텍사스주 남동부에 머물렀던 하비가 대표적인 예로, 사상 최고의 강우량을 기록하고 홍수를 일으켜 100여 명의 목숨을 앗아갔습니다. 전 세계 바람 패턴의 변화로 앞으로 허리케인의 속도는 10~20퍼센트 느려질 것으로 보입니다.

가장 걱정스러운 점은 북극의 가열화 속도가 급격하게 빨라지면서 극지방과 온대지방 사이의 온도 차가 점점 줄어들고, 그로 인해 더 많은 블로킹 현상이 일어나 기상이변이 더 심해질 거라는 점입니다. 기후 모델에 따르면 지구가 더워지면 블로킹 현상이 줄어들어야 합니다. 하지만 현대의 관측 자료는 이런 예측을 뒷받침하지 못하기에 일부 과학자들은 기후 모델에 빠진 변수가 있다고 주장합니다.

지구 가열화는 다른 기후 현상에도 변화를 일으킵니다. 대표적인 것은 열대 태평양 중부와 동부에 난류가 흘러드는 현상인 엘니뇨인데, 계절 다음으로 지구에서 가장 영향력 있는 기후 현상입니다. 수천 년 전부터 2~7년마다 일어나며 보통 9~24개월간 이어지는 엘니뇨는 어떤 지역은 폭우가 쏟아지게 하고 다른 지역은 가뭄에 시달리게 하는 등 전 세계 기상 패턴에 극적인 변화를 가져왔습니다.

지구 가열화가 앞으로 엘니뇨의 빈도나 강도를 키울지는 아직 확실하지 않지만, 한 연구에 따르면 극심한 '슈퍼' 엘니뇨가 금세기 말까지 2배로 늘어날 수 있다고 합니다. 엘니뇨는 적어도 일시적으로 지구 온도 상승을 부채질합니다. 예를 들어 전 세계의 136년 관측 사상 여섯 번째로 더운 여름을 기록한 2015년 7월에는 강력한 엘니뇨 현상이 탄소 배출로 인한 기온 상승률을 10퍼센트나 끌어올렸습니다.

지구 가열화로 기온이 계속 오르면서 엘니뇨도 점점 심해져서 기후에 막대한 영향을 끼치고 있습니다. 2015년 엘니뇨로 이상 고온과 가뭄이 확대되면서 식량 생산량이 줄어 전 세계에서 약 600만 명의 어린이가 극심한 기아에 시달렸습니다.

결론적으로 지구 가열화는 그저 악천후를 악화한다기보다 오래된 기후 패턴을 망가뜨려서 기상이변이 속출하는 새로운 상태를 만들어 내는 것입니다. 머지않아 우리는 야만적이고 파괴적인 이상기후를 그냥 날씨라고 여기게 될 것입니다.

가까운 미래의 기후변화 시나리오

앞으로 수십, 수백 년 동안 지구 기온이 어디까지, 얼마나 빠르게 오를지 예측하기란 몹시 어렵습니다. 그 문제는 온실가스 배출량 감소율(실제로 감소할 경우)뿐만 아니라 자연계가 정확히 어떻게 반응하느냐에 달려 있기 때문입니다. 특히 주요 티핑 포인트와 양의 되먹임 고리에 대한 이해는 턱없이 부족합니다. 예를 들어, 그린란드와 서남극 빙상이 본격적으로 붕괴하는 시점은 언제일까요? 멕시코 만류가 멈춰 북대서양 지역의 기온이 급하강한다면 그 시점은요? 시베리아 영구 동토층이 녹으면서 메탄이 대기 중에 얼마나 많이 방출될까요? 바다가 더는 탄소를 흡수하지 않는 상황이 올까요? 이러한 질문들은 아직 우리가 답할 수 없지만, 금세기 안에 우리 세상에 중대한 변화를 일으킬 문제입니다.

IPCC 평가 보고서는 우리의 장성한 자녀와 손주가 앞으로 어떤 세상에 살게 될지 그려 볼 때 참고할 수는 있지만 답안지와는 거리가 멉니다. 우리가 지금 어디에 있고 어디로 가고 있는지 평가한 6차 보고서에는 공통사회경제경로SSP라는 온실가스 배출 시나리오가 있습니다. 다섯 가지 시나리오는 각각 온실가스 배출량, 토지 이용 방식의 변화, 대기오염에 따라 달라지며 단기(2021~2040년), 중기(2041~2060년), 장기(2061~2100년)에 걸친 기후변화 예측 모델과 직결됩니다.

이 책에서는 지면상 다섯 가지를 모두 자세히 설명할 수 없지만, 순진할 만큼 낙관적인 초저배출 시나리오부터 가장 현실적이라고 할 수 있는 초고배출 시나리오까지 있다고만 말씀드리겠습니다. 모든 시나리오의 공통점은 2040년까지 예상되는 기온 상승 폭이 최선의 경우 1.5도, 최악의 경우 1.6도로 거의 같다는 점입니다. 하지만 2040년부터 예상치가 극적으로 달라집니다.

최선의 초저배출 시나리오는 지구 평균기온 상승 폭이 금세기 마지막 수십 년간 줄어들기 시작할 것으로 예상합니다. 하지만 아직 우리는 이런 배출 궤도 근처에도 못 갔습니다. 또 우리가 아무리 애써도 이미 2도 이상 상승은 피할 수 없다는 연구 결과와도 맞지 않습니다. 같은 이유로 금세기에 상승 폭이 1.8도 이하로 유지될 것이라는 저배출 시나리오 역시 현실성이 매우 떨어집니다.

중배출, 고배출, 초고배출 시나리오의 경우 앞으로 20년 안에 2도를 넘어설 것이 확실하거나 유력합니다. 가장 비관적인 시나리오에서는 2081~2100년에 3.6~4.4도,

혹은 그 이상 상승합니다.

이런 예측은 COP26 이후 기후행동추적의 예측과 거의 맞아떨어집니다. 둘 다 기적이 일어나지 않는 한 지구 평균기온 상승 폭이 1.5도는 물론이고 2도를 거의 확실하게 넘어서리라는 암울한 그림을 그리고 있습니다. 당장 배출량 감축이 본격적으로 이뤄지지 않는다면 금세기 후반에는 기후 붕괴의 한계선인 1.5도의 2배에 이르고 말 것입니다.

최악의 시나리오가 현실이 된다면 우리는 여지없이 아주 심각한 곤경에 처합니다. 배출량을 크게 줄일 수 있다고 해도 그 속도가 절대적으로 중요합니다. 지구 평균기온이 1도, 심지어 0.1도 오를 때마다 우리 기후가 조금씩 더 무너지기 때문입니다. 예를 들어 1.5도 상승하면 50년에 한 번꼴로 일어나는 폭염의 가능성은 8.6배가 되지만 2도 상승하면 그 가능성은 14배로 늘어납니다. 마찬가지로 1.5도 수준에서 10.5퍼센트가 조금 넘는 폭우 확률이 2도 오르면 14퍼센트로 올라갑니다.

이 수치들을 통해 얻을 수 있는 교훈은 우리가 탄소 배출량을 더 빨리 줄일수록 우리와 우리의 후손이 치르게 될 대가가 줄어든다는 것입니다. 실제로 지금껏 우리가 배출한 탄소의 양은 지구 평균기온 상승에 직결되며, 앞으로도 그럴 것입니다. 따라서 1톤이라도 늘리면 악화를 재촉하고, 줄이면 변화를 가져올 것입니다.

물론 수치만의 문제가 아닙니다. 지금도 바다가 과도하게 이산화탄소를 흡수해 산성화되면서 산호초와 해양 생태계가 위협받고, 육지 생물들은 기상 패턴과 기후대의 변화 속도를 따라잡지 못해 죽고, 전 세계 빙하는 계속 녹아내리고 있습니다.

저는 바다와 육지의 경계를 기후 붕괴의 최전선이라고 생각합니다. 바다가 해안선을 잠식하는 속도를 보면 지구 가열화와의 전쟁에서 우리의 승산을 점칠 수 있기 때문입니다. 해수면 상승률은 따뜻할수록 부피가 늘어나는 물의 열팽창 현상과도 일부 관계가 있으나 기본적으로 극지방의 빙상이 얼마나 많이, 얼마나 빨리 녹고 있는지 보여 주는 척도입니다.

IPCC 6차 평가 보고서는 모든 시나리오에서 2100년까지 해수면 상승이 1미터에 못 미친다고 예측했습니다.

일부 연구자들이 이 수치가 과소평가라고 반박하자, IPCC는 '가능성은 낮지만 발생하면 영향이 큰 시나리오 low likelihood, high impact storyline'라고 덧붙이며 금세기 말까지 적어도 0.5미터 더 상승할 수 있다고 인정했습니다.

그런데 해수면이 1미터만 상승해도 해안 지역에 엄

청난 피해를 안깁니다. 현재 약 2억 5,000만 명이 해발고도 1미터 이내 저지대에 사는 것으로 추정되며, 해수면이 1미터 상승하면 잦은 폭풍 해일과 조수 범람으로 집을 잃게 될 것입니다. 한 예측에 따르면 2100년까지 해수면이 2미터 상승할 경우 이재민 수는 5억 명이나 됩니다.

2100년에 우리 자녀와 손주들이 살아갈 세상은 지금과는 딴판일 것입니다. 얼마나 다를지는 앞으로 10년 동안 세계 지도자들의 노력에 달렸습니다. 필연적으로 더 높은 기온과 해수면, 더 잦은 기상이변과 대규모 피난을 겪겠지만, 몇 년 안에 탄소 배출량을 본격적으로 줄이지 않는다면 상황은 훨씬, 아주 훨씬 나빠질 것입니다.

4

온실 지구

과거에서 발견하는 미래

모델링은 미래 기후를 예측하는 검증된 수단이지만, 입력되는 데이터에 따라 결과가 달라지므로 '쓰레기가 들어가면 쓰레기가 나온다'라는 말을 적용할 수 있습니다. 물론 기후학자들은 최상의 데이터를 입력하기 위해 최선을 다하지만, 지구 가열화에는 미지의 영역이 너무 많기에 모델링의 결괏값은 앞으로 지구가 어떤 모습일지 밑그림만 그려 줍니다.

하지만 미래 기후를 가늠할 방법이 하나 더 있습니다. 기온이나 온실가스 농도가 비슷하게 상승했던 시기를 되짚어 보고 당시의 상황을 미래 예측도로 삼는 것입니다. 지구의 오랜 역사에서 자연적으로 기온이 급상승한 경우를 오늘날 인간이 불러온 가열화와 비교할 수 있습니다.

2011~2020년 지구 평균기온은 마지막 빙기 이전의 간빙기, 약 12만 5,000년 전 엠 간빙기Eemian interglacial의 그 어느 때보다 높았습니다. 이 시기의 기온은 오늘날과 비슷한 수준이었으나 해수면이 지금보다 6미터 이상 높고 이산화탄소 농도가 지금보다 낮았으므로 지금과 꼭 유사한 조건이라고 할 수 없습니다.

그럼 이산화탄소 농도가 지금과 비슷하거나 약간 낮았던 약 1,500만 년 전 중기 마이오세 기후 최적기Middle Miocene Climate Optimum로 거슬러 올라가 봅시다. 당시에 지구 평균기온은 산업화 이전보다 2~4도 높았는데, 이는 우리의 과열된 지구가 어디로 향하고 있는지 실마리를 주며, 앞으로 수십 년 동안의 모델링과 잘 맞아떨어집니다. 더 무서운 점은 당시 해수면이 오늘날보다 20미터나 높았다는 것인데, 이는 우리가 아무리 온실가스 배출량을 줄인다 해도 해수면 상승은 이미 시작되었다는 뜻일지도 모릅니다.

과연 우리가 온실 미래를 피할 수 있을까요? 진짜 문제는 우리가 아직도 제자리걸음이라는 것입니다. 배출량은 여전히 많고, 각국 정부의 약속대로 떨어지거나 느려지지도 않을 것 같습니다. 산업화 이전과 비교해 배출량이 얼마나 빠르게 늘었는지 분석한 결과, 온실가스가 현재 속도로 배출된 마지막 시기를 찾으려면 5,600만 년 전으로 거슬러 올라가야 합니다. 그 후, 팔레오세-에오세 극열기에 탄소 대폭발이 일어나 지구 온도가 약 6~8도 상승하면서 해양 생물은 멸종되고 생태계가 뒤흔들렸습니다. 북극권 이북에서는 악어가 번성했고 시베리아 일부 지역에서는 야자수가 장관을 이루었습니다.

팔레오세-에오세 극열기는 기후가 아주 급변하는 시기였습니다. 아마 2만~5만 년의 짧은 기간에 4만 4,000억 톤 이상의 이산화탄소가 대기 중에 방출된 것으로 추정됩니다. 원인은 확실히 밝혀지지 않았지만 대규모 화산 활동이나 해저에서 메탄이 대규모로 방출된 게 유력합니다.

우리가 진정 주목해야 할 사실은 그 기간에 이산화탄소 배출량이 연평균 10억 톤, 심지어 그보다도 적었으리라는 것입니다. 오늘날 인간의 활동은 약 40배 더 빠른 속도로 온실가스를 배출하고 있습니다. 이런 추세가 계속된다면 약 1,000년 안에 팔레오세-에오세 극열기 때 배출된 총량을 따라잡게 될 것입니다. 지구 역사상 이렇게 빠르게 탄소가 방출된 적은 없었습니다. 이로써 우리는 진정한 미지의 영역에 들어섰으며 우리 시대는 매우 독특한 시대로 기록될 것입니다.

더 암울한 소식이 있습니다. 팔레오세-에오세 극열기가 어떻게 20만 년이라는 매우 오랜 기간 지속됐는지, 이제 답이 곧 나올 것 같습니다. 당시 지구가 급격히 더워지면서 오늘날처럼 심한 폭풍우와 홍수가 잦았습니다. 덥고 습한 환경에서 풍화와 침식이 급증했으며 (앞서 언급한 눈덩이 지구 상태처럼 탄소 흡수를 돕는 대신에) 엄청난 양의 탄소를 대기 중에 방출했습니다. 초기 탄소 대폭발 이후 수억 년 동안 높은 기온이 유지된 것은 장기적인 탄소 방출 때문이었습니다.

따라서 앞으로 우리가 배출량을 줄이더라도 자연적으로 탄소가 대기에 계속 방출되어 수만 년 동안 지구를 온실 상태로 묶어 둘 수 있습니다. 참으로 정신이 번쩍 들게 하는 소식입니다.

이처럼 우리는 모델링과 과거 기후를 통해 가까운 미래를 그려 보고 단서를 얻을 수 있지만, 현재 상황은 지구 역사상 전대미문의 상황입니다. 따라서 우리 자녀와 손주들이 어떤 세상에서 살게 될지는 저도 여러분만큼이나 모릅니다. 한 가지 확신할 수 있는 것은 앞으로 여름은 훨씬 더 더워질 것이며 이는 결코 좋은 징조가 아니라는 사실입니다.

여름의 확대

반박하는 분도 있겠지만, 일조량이 너무 많은 건 사실입니다. 햇빛은 삶의 질을 높이며 광합성 작용과 태양광 발전을 위해 절대적으로 필요한 요소입니다. 하지만 지구를 뒤덮은 온실가스 막이 두꺼워지면서 그 안에 갇힌 태양열로 문제가 점점 심각해지고 있습니다. 과잉 일조량은 건강에서 농업에 이르기까지 그리고 물 부족과 산악 빙하와 암벽의 균열, 맹렬한 산불까지 재앙을 일으킵니다.

20세기 중반부터 북반구의 여름은 78일에서 95일 이상으로 늘어났습니다. 금세기 안에 북반구의 여름은 반년으로 늘고 겨울은 8주로 줄어들 전망입니다.

2003년 유럽에서 있었던 폭염을 기억하는 분도 있을 겁니다. 제가 런던에서 서늘한 고지대인 더비셔주로 이사한 이유 가운데 하나였죠. 처음 겪는 무더위에 사람들이 지구 가열화를 주목하게 되었습니다. 유럽 전역에서 7~8월 내내 이어진 폭염으로 2003년 여름은 1,500년 이래 가장 더운 여름이 되었고, 약 7만 명이 목숨을 잃었습니다. 프랑스의 일부 지역은 기온이 일주일 넘게 40도를 넘나들며 가장 큰 피해를 보았습니다. 영국에서는 8월에

수은주가 38.5도를 찍으면서 역대 최고 기록을 깼습니다. 포르투갈의 아마렐레자 마을에서는 기온이 47.4도까지 치솟았습니다.

2003년의 유럽 폭염은 인간이 그런 날씨에 얼마나 영향을 미쳤는지 최초로 '원인 규명'을 연구하는 계기였습니다. 결론은 인간 활동에 의한 지구 가열화가 폭염 가능성을 최소 2배 이상 키웠다는 것이었습니다. 이제 그 가능성은 10배가 넘습니다. 영국 기상청에 따르면 이런 극심한 폭염이 금세기 중반까지 한 해 걸러 일어날 수 있다고 합니다.

2003년 이후 폭염은 더 자주, 더 심하게 일어나고 있습니다. 2010년 여름에는 러시아, 북미, 동유럽, 중동, 중국에서 4~6월 기온이 사상 최고치를 기록했습니다. 2013년 호주의 여름을 '성난 여름Angry Summer'이라고 하는데, 3개월 만에 120번이나 기상 기록이 깨졌으며 곳곳이 50도에 육박했습니다. 그로부터 3년 뒤인 2016년, 계절풍이 불기 전인 늦은 봄에 인도 전역의 기온이 51도까지 올랐습니다. 이듬해에는 쿠웨이트와 이라크의 여름 기온이 각각 54도와 53.9도를 찍는 등 상황은 더욱 나빠졌습니다. 이는 캘리포니아주의 악명 높은 데스 밸리 다음으로 지구상 최고 기온이었습니다. 그리고 4년 뒤인

2020년 여름은 유럽에서 역대 가장 더운 해를 기록했는데, 기온은 평균보다 무려 1.9도 높았으며 이는 기상학적으로 이전 최고 기온보다 0.5도나 올라간 놀라운 수치입니다. 상승 폭이 큰 게 특히 더 걱정스러운 것은 기온이 점진적으로 오르는 것이 아니라 급격하게 오를 수 있다는 가능성을 보여 주기 때문입니다.

온실 상태의 악화는 2021년 봄과 여름이 절정이었습니다. 5월 말부터 기온이 올라서 북극권 안에서는 32도에 가까웠고 시베리아 대부분 지역에서는 35도를 넘었습니다. 6월 중순에는 북미 서부가 가장 큰 타격을 입었습니다. 사상 초유의 열돔 아래 포틀랜드(오리건주)가 47도, 리튼(브리티시컬럼비아주)이 50도, 데스 밸리가 54.4도에 이르렀습니다. 지구 가열화로 발생 가능성이 150배나 높아진 이 놀라운 기상 현상의 결과로 캘리포니아주, 아이다호주, 네바다주, 오리건주, 유타주는 역대 가장 더운 여름을 기록했으며 미국의 다른 16개 주의 기록도 가장 더운 여름 5위 안에 들었습니다. 앞서 언급했듯이 유럽도 2021년 최악의 여름을 보냈습니다. 원래 유럽 대륙의 최고 기온 경신은 1만 년에 한 번꼴이었는데, 놀랍게도 오늘날에는 평균 3년마다 이런 상황을 경험하고 있습니다. 대규모로 배출량을 줄이지 않는다면 금세기 말까지 찜통 같은 여름이 해마다 찾아올 것입니다.

2021년 한 해 동안 전 세계 인구 4분의 1이 기록상 최고 기온을 경험했지만, 아직 멀었습니다. 지구 평균기온이 계속 오르면서 우리는 폭염을 더 자주, 더 심하게, 더 오래 겪을 것입니다. 폭염은 2019~2020년까지 연속으로 세계 재해 순위에서 1위를 차지했습니다. 최신 연구에 따르면 이전 기록을 5도 이상 뛰어넘는 폭염이 앞으로 30년 안에 최대 7배, 21세기 중반부터는 최대 21배까지 일어날 수 있습니다. 메시지는 노골적입니다.

"지금까지 본 건 아무것도 아닙니다."

앞으로 몇 년 동안 가장 큰 타격을 받는 사람들은 에 어컨을 가까이 할 수 없는 사람들일 것입니다. 저소득 국가에도 많지만 산업국가에 더 많습니다. 특히 콘크리트와 아스팔트의 팽창, 오염, 초목 부족, 인간 활동으로 생긴 폐열로 온도가 몇 도씩 상승하는 '도시 열섬 효과'가 이어지는 도시의 주민들일 것입니다.

2003년 폭염으로 7만 명이 목숨을 잃었는데, 그 가운데 상당수가 야간 기온이 24도 이하로 떨어지지 않는 도시에서 더위를 피할 수 없었던 노인들이었습니다. 1980년대 이후 도시에서 치명적인 폭염에 노출되는 인구는 3배로 증가했으며 그 수는 전 세계 인구의 거의 4분의

1(17억 명)에 이릅니다. 농촌에서 도시로 이주하는 인구가 늘고 기온이 계속 오르면서 숫자는 한 방향으로만 가고 있습니다. 대다수에게는 탈출구가 없을 것입니다. 값비싼 에어컨은 필수품이 될 것이고 지구상 대부분의 주택은 앞으로 수십 년 동안 발생할 열을 처리할 수 있게 지어지지 않았습니다. 예를 들어 영국의 현대식 소형 주택 중 상당수는 단열이 부실해 2050년까지 여름마다 수천 명의 목숨을 앗아가는 열 덫이 될 것입니다. 반복되는 경고에도 이런 거주 불능 주택을 해마다 수십만 채씩 짓고 있습니다.

이미 전 세계 많은 지역에서 여름은 반갑기보다 두려운 계절이 되어 가고 있습니다. 호주에서는 치명적인 더위와 가뭄, 산불 때문에 더는 여름을 기대하지 않습니다. 인도에서는 곧 50도를 돌파할 듯한 늦은 봄의 무더위를 심각하게 걱정하고 있습니다. 캘리포니아주에서는 태풍처럼 폭염에도 이름을 붙여 경각심과 준비성을 기르겠다고 합니다. 햇볕에 목마른 상당수의 영국인은 아직도 여름 더위를 즐기는 듯하지만, 기온이 40도를 넘나들고 금세기 중반까지 국내 폭염 사망자가 연간 7,000명을 넘어설 것으로 보이는 상황에서 이런 태도는 바뀔 수밖에 없을 것입니다.

폭염 증후군

지금까지 경험한 최악의 무더위를 떠올리고 그 2배를 상상해 보세요. 숨이 쉬어지지 않고, 손가락 하나 까딱할 수 없는 열기를 상상해 보십시오. 몸이 절절 끓는데 땀이 나지 않아서 냉방 시설을 갖춘 피난처를 찾지 못하면 몇 시간 안에 죽고 말 것입니다.

불가마 간접 체험이 아닙니다. 금세기 후반에 수억 명이 직면하게 될 폭염의 공포를 미리 엿본 것입니다. 이런 불가피한 무더위는 지금 전 세계가 호되게 앓고 있는 여름의 최종 산물입니다.

문제는 모두 같은 더위가 아니라는 점입니다. 여러분도 알다시피 높은 기온이 높은 습도와 만나면 훨씬 더 덥게 느껴집니다. 최근 몇 년간 뉴스를 장식한 50도 이상의 기온은 모두 일반적인 '건구'온도계로 측정한 것인데, 기온은 정확하더라도 습도 정보는 없기에 현장의 사람들이 얼마나 덥게 느낄지 알 수 없습니다.

기상학자들은 건구온도계와 습구온도계로 열기와 습도를 함께 측정하는데, 이는 실제 체감 온도보다 훨씬 정확합니다. 습구온도는 젖은 헝겊에 감싼 온도계로 측정한 온도입니다. 헝겊에 스민 물이 지나가는 공기의 열을 흡수하기 때문에 일반 온도계보다 온도가 더 낮게 측정됩니다.

습도는 습구온도가 건구온도에 가까워질수록 높아집니다. 두 온도계의 온도가 같으면 습도가 100퍼센트인 것입니다. 이런 수증기 상태에서는 땀이 증발하지 않으므로 체열이 식지 않습니다.

기온과 습도가 결합하면 '열지수'가 되어 체감 기온을 측정할 수 있습니다. 다시 말해, 그 조건에서 얼마나 덥게 느끼는지 수치로 알 수 있습니다. 예를 들어 열대지방의 농업인처럼 무더위에 익숙한 사람들도 습구온도 31도에서는 정상적으로 활동할 수 없으며 이때 체감온도는 50도나 됩니다. 미국 국립기상청은 습구온도 31도를 인체에 치명적인 수준으로 지정하고 미리 예방하지 않으면 열중증으로 사망할 수 있다고 경고합니다. 최근의 끔찍한 예측에 따르면 지구 평균기온이 2도 올라가면 10억 명 이상이 폭염 증후군을 앓을 것이며 4도 올라가면 그 수치는 전 세계 인구의 절반이 될 것이라고 합니다.

습구온도 35도에서는 상황이 훨씬 고약해지는데, 이는 70도라는 엄청난 체감온도에 해당하지만 실제로 열지수가 그렇게까지 올라가지는 않습니다. 적어도 아직은 말이죠. 이 수치는 인체가 더는 땀을 흘려 열을 식힐 수 없는 수준으로 열과 습도의 조합이 시작되었음을 알립니다. 쉽게 말하자면 젊고 건강한 사람이 그늘에서 충분히 물을 마신다고 하더라도 6시간 이상 생존하기 어렵다는 뜻입니다. 체열을 내보내지 못하면 몸의 내부 기관 온도가 계속 올라서 결국 장기 부전으로 사망하게 됩니다.

기후 모델은 습구온도 35도가 빨라야 금세기 중반에나 일어날 것으로 예측합니다. 하지만 최근 연구에 따르면 페르시아만에서 이미 조건이 갖춰졌다는 사실이 밝혀졌습니다. 지금까지는 이런 극심한 무더위가 국지적이고 단발적으로 일어났지만, 아열대 지방 곳곳에서는 생존 한계치인 35도에 매우 근접한 상태를 여러 번 겪었습니다. 따라서 앞으로 수십 년간 이런 살인 더위가 훨씬 더 기승을 부려 아열대 지방의 대부분이 인간이 살기 어려운 상태가 될 것입니다.

온실가스 배출량을 대폭, 빠르게 줄이지 않으면 지구의 점점 더 많은 지역이 심각한 위협을 받게 됩니다. 페르시아만, 남아시아와 동남아시아, 중국이 가장 큰 피해를 볼 것입니다. 인도아대륙도 심각한 타격이 예상됩니다. 금세기 후반 수십 년 안에 주요 도시인 러크나우, 파트나 같은 곳에서 수백만 명이 적어도 한 번 이상 습구온도 35도에 직면하면서 엄청난 인명 피해가 일어날 것입니다. 또한 인더스강과 갠지스강 유역 농업지를 중심으로 12억 명 이상이 습구온도 31도에 노출될 전망입니다.

하지만 중국의 북부 평야 농업 지대 주민 4억 명은 이미 여름철 무더위에 몸살을 앓고 있습니다. 온실가스 배출량을 본격적으로 감축하지 않으면 2070년 이후에도 치명적인 폭염이 이 지역을 반복적으로 강타할 것입니다. 한여름에 에어컨을 바로바로 이용할 수 없다면 중국의 곡창지대는 사람이 살 수 없는 곳이 됩니다.

중국 최대 도시인 상하이를 비롯해 인근의 주요 인구 중심지들도 영향을 피할 수 없습니다. 2070년부터 금세기 말까지 습구온도 31도의 폭염이 수백 번 일어날 것이며, 생존 한계치인 35도를 약 5번 넘을 가능성이 있습니다. 이는 단순히 지난 50년간 북부 평야에서 극심한 폭염이 증가한 추세를 반영한 예측입니다. 2013년만 해도 최악의 가뭄과 폭염이 두 달 가까이 이어졌습니다.

지구 가열화를 이대로 내버려 둔다면 우리 종을 낳고 길러 낸 세계가 처음으로 범접할 수 없는 곳이 될 것입니다.

가열화와 산불

2018년 7월, 남유럽의 많은 지역이 기록적 폭염에 휩싸여 곳곳에서 산불이 일어났습니다. 7월 23일, 그리스 중남부 아티카 지역에서 일어난 산불이 강풍으로 인해 아테네

인근 휴양지 마티로 빠르게 번졌고, 사람들은 집과 자동차 안에 있다가, 눈앞의 바다를 향해 달려가다 화염에 휩싸였습니다. 100명 이상이 죽고 더 많은 사람이 대피해야 했습니다. 이 산불은 21세기 들어 두 번째로 치명적인 산불이었지만, 이후 몇 년 동안 산불이 폭발적으로 늘었기에 그 기록은 곧 깨질 것으로 보입니다.

급격히 가열되는 지구를 상징하는 산불은 이제 북반구와 남반구를 통틀어 여름철에 흔히 볼 수 있는 현상이 되었습니다. 산불 발생 지역은 불길만큼이나 빠르게 확산되고 있습니다.

원래 초대형 산불은 주로 호주(2019~2020년 산불로 건물 6,000여 채가 모두 타고 34명이 사망)와 캘리포니아주에서 일어나는데, 이제 시베리아 황무지부터 아마존 열대우림에 이르기까지 전 세계 곳곳에서 한 해도 빠짐없이 일어나고 있습니다. 파괴력도 점점 커져서 지역 전체를 초토화하기도 합니다.

지구 가열화로 폭염과 가뭄이 심해지면서 초목이 바싹 말라서 햇볕이나 인간 활동으로 불이 날 위험이 늘고 있습니다. 산불은 일단 일어나면 자생력을 지니고 스스로 날씨를 만듭니다. 번개를 일으키는 화재 적란운*을 키워서 화재가 더 많이 발생합니다. 대형 산불에서는 화재 토네이도가 형성되어 시속 200킬로미터를 넘나들며 날뛰기도 합니다.

조건만 맞으면 열차 바퀴의 스파크나 깨진 유리 조각에 고인 햇빛처럼 사소한 요소로도 큰 불이 일어날 수 있습니다. 산불은 단 몇 초만으로도 일어나지만 진압하기까지는 몇 주 또는 몇 달이 걸리기도 합니다. 불길은 밑에서 위로 빠르게 번지며, 고지대의 초목을 쉽게 집어삼킵니다.

북미 서부, 시베리아, 그리스와 이탈리아를 비롯한 남유럽, 튀르키예, 남아프리카공화국, 알제리, 이스라엘, 인도 등지에서 엄청난 화마가 휩쓸고 지나간 2021년의 산불 시즌은 역대 최악이었습니다. 캘리포니아주에서만 8,000건 넘게 화재가 일어나 레바논 면적과 맞먹는 1만 제곱킬로미터가 불타 건물 3,500여 채가 파괴되었습니다. 특히 규모가 가장 컸던 딕시 산불로 유서 깊은 골드러시 마을인 그린빌이 모두 불타고 산불을 진압하는 데만 석 달이 넘게 걸렸습니다.

지구 가열화의 맥락에서 산불은 '쌍둥이 효과'를 냅

✻ 화재와 화산 활동으로 뜨거워진 공기가 상승하여 생기는 탑 모양 구름. 수증기와 분진이 뭉치면서 번개와 강풍을 일으켜 화재를 키우곤 한다.

니다. 첫째는 중요한 탄소 흡수원인 숲이 파괴되는 것이고, 둘째는 나무가 타면서 대기 중에 엄청난 양의 이산화탄소를 방출하는 것입니다. 또 초대형 산불은 다시 자라는 나무의 밀도와 크기를 줄여 탄소 흡수 효율을 떨어뜨립니다.

2021년 7월 말까지 7개월 동안 산불로 3억 4,300만 톤의 이산화탄소가 대기 중에 추가됐습니다. 이 중 절반 이상이 북미와 시베리아에서 일어난 산불에서 생긴 것이며, 시베리아 산불의 연기는 러시아 동부 도시에 심각한 대기오염을 일으키고 북극까지 흘러갔습니다. 이런 고위도 산불은 캐나다 북부와 알래스카에서도 점점 더 자주 일어나고 있습니다. 겨울철에 이탄토 속으로 불이 계속 퍼지다가 이듬해 여름에 다시 활활 타오를 수 있기에 특히 걱정스럽습니다. 2021년 한 해 동안 산불로 생긴 이산화탄소 양은 독일의 1년 배출량에 맞먹습니다.

모든 산불이 우발적이지는 않습니다. 일부는 악의로, 일부는 산림을 농지로 개간하고자 일부러 일으키기도 합니다. 2019년에만 원시 열대우림이 약 400만 헥타르나 사라졌는데, 이는 그해 축구장이 1초에 하나씩 사라진 것과 같은 규모입니다. 그 결과 이산화탄소 18억 톤이 대기에 추가되었으며 이는 전 세계 자동차의 절반 가까이가

한 해에 배출하는 양과 맞먹는 양입니다. 브라질의 아마존 열대우림은 2020년 8월부터 2021년 7월까지 키프로스보다 더 넓은 면적이 파괴되었는데 그 대부분이 의도적이었습니다.

산불은 산간 마을을 잿더미로 만들 뿐 아니라 도시도 위협하고 있습니다. 2017년에는 로스앤젤레스 인근 벤투라 카운티에서 산불이 나 많은 사람이 집을 잃었고, 2020년에는 시드니 외곽에서도 산불이 일어났습니다. 2021년 8월에는 캘리포니아주 사우스 레이크 타호 언저리에 불길이 번져 주민 2만 명이 혼비백산 대피했습니다. 산불이 도시 교외로 번져 수많은 생명과 재산을 위협하는 것은 시간문제일 뿐입니다.

지구 가열화로 생기는 대형 산불은 진압하기도 어렵습니다. 화재 전문가들은 앞으로 예방에 더 집중해야 한다고 조언합니다. 예를 들어 서늘한 계절에 일부러 불을 내서 대형 산불의 불씨가 되는 고목이나 나뭇잎, 덤불을 태워 없애는 것입니다.

기후 붕괴가 진행되면서 이전에는 영향을 받지 않았던 나라에서도 파괴적인 대형 산불의 위험이 급격히 늘어날 것으로 예상됩니다. 예를 들어 영국은 고온과 가뭄이 흔해지면서 화재 위험 일수가 매년 4배 이상 증가하고 건조한 동부 지역에서는 120일이 넘을 것으로 보입니다.

지난 50년 동안 미국 서부에서는 대형 화재를 불러일으키는 고온 건조하며 바람이 많이 부는 '산불 날씨'의 발생 빈도가 급격히 증가했습니다. 이런 추세는 북미뿐 아니라 전 세계적으로 계속될 것입니다. 우리는 주위에서 일어나는 파괴적인 산불 장면을 더 흔히 보게 될 것입니다.

5

기상 대혼란과
벼랑 끝에 선 인류

집중 폭우

중국은 모든 게 크다는 말이 있는데, 홍수도 그중 하나입니다. 2021년 7월, 후난성 중부 지방은 파괴적인 대홍수를 겪었습니다. 단 하루 만에 1년 치 강우량인 64센티미터 이상의 비가 내려 지하철역이 물에 잠기고 저수지 수십 곳이 범람했으며 거의 100만 명이 대피했습니다. 사망자는 300명이 넘고 차량 40만 대가 급류에 휩쓸려 파손되거나 침수되었습니다. 큰 강 주위에 대도시들이 발달한 중국은 역사적으로 이런 파괴적인 대홍수가 낯설지는 않지만, 예전에는 1,000년에 한 번꼴로 겪었다면 이제 거의 해마다 겪고 있습니다.

중국만의 문제는 아니었습니다. 같은 해 인도와 네팔에서도 100년 만에 최악의 홍수와 산사태로 수많은 사람들이 목숨을 잃었으며 일본에서는 집중호우로 약 150만 명이 집을 버리고 대피해야 했습니다. 독일 서부와 벨기에에서 250명에 가까운 목숨을 앗아간 전례 없는 홍수와 맞물려 튀르키예에서도 같은 급의 강력한 돌발 홍수가 일어났습니다.

더 더운 세상은 더 습한 세상이므로 놀랄 일은 아닙니다. 따뜻한 공기는 물 분자를 더 많이 머금고 있으며 대기 중 수증기의 양은 산업화 이후 약 7퍼센트 증가했습니다. 이런 추세는 지구 가열화에 제동이 걸릴 때까지 계속될 것입니다. 기온이 오르면 지표면의 증발 속도가 빨라집니다. 지표면의 증발과 식물의 증산을 합친 '증발산'의 비율은 2003년보다 10퍼센트 증가했으며 여전히 상승세입니다.

중력에 따라 올라간 것은 반드시 내려오기 때문에 대기 중 수분량이 증가하면 강수량도 증가합니다. 지구 평균기온이 1도 오를 때마다 강수량은 1~3퍼센트 늘어납니다. 그런데 국지적으로는 훨씬 많이, 예를 들어 열대지방에서는 10퍼센트 이상 늘어날 수 있습니다. 만약 이렇게 늘어난 강수량이 전 세계에 고루 분산된다면 문제 될 일이 아닙니다. 하지만 현실은 비가 더 짧고 굵게 내려 홍수를 일으킵니다. 특히 집중호우는 자연과 인공 배수 시스템을 압도해서 물이 땅속에 스미지 않고 땅 위로 넘치는 돌발 홍수를 일으킵니다.

한 가지 심각한 걱정은 기후 붕괴가 '대기 강'이라는 기상 현상을 악화하리라는 것입니다. 대기 강은 대기가 가늘고 긴 띠 형태로 흐르는 현상으로, 대기 중 수분의 90퍼센트 이상을 열대지방에서 온대와 극지방으로 운반합니다. 대기 강은 아마존의 물보다 많은 양을 운반하는 컨베이어 역할을 하며, 한 지역에 며칠 동안 머물며 비를 퍼부어 파괴적인 홍수를 일으킬 수 있습니다. 대기 강은 지구에서 한 번에 수십 개가 활동하는 꽤 흔한 기상 현상입니다. 그런데 모델링에 따르면 지구 가열화가 대기 강의 수는 줄이고 길이와 폭을 더 늘릴 수 있다고 합니다. 현재로서는 전 세계의 대기 강 현상(강풍을 동반한 지속적인 폭우)이 금세기 말까지 50퍼센트 더 자주 일어날 것으로 보입니다.

이 소식은 흉보입니다. 영국 레이크 디스트릭트 지역의 코커마우스 마을 주민들은 무조건 동의할 것입니다. 2009년과 2015년, 대기 강은 이 마을에 엄청난 비를 쏟아부었습니다. 2009년에는 홍수로 다리가 네 개나 파괴되었고 6년 뒤인 2015년에는 폭풍 데스몬드와 결합한 또다른 대기 강이 34센티미터의 강우량을 기록하며 영국의 하루 역대 기록을 깼습니다.

산업화 이전에는 10년에 한 번꼴로 발생하던 극심한 강우 현상이 이제는 7.5년마다 일어나며 이대로라면 3.5년에 한 번으로 주기가 짧아질 것입니다. 2021년 9월 뉴욕에서 심각한 돌발 홍수가 일어나자 시 당국이 사상 처음으로 돌발 홍수 경보를 발령했는데, 처음이자 마지막은 아닐 것입니다. 맨해튼, 브루클린, 뉴저지에서는 지하철 노선이 물에 잠겼고, 건물 지하층이 순식간에 침수되어 익사 사고도 잇따랐습니다. 영국에서는 지난 15년 동안에만 50번 이상 돌발 홍수가 일어났으며 이런 상황은 앞으로 더 악화될 것입니다. 2022년 초에 발표된 보고서는 특히 런던의 빅토리아시대 배수 시스템이 홍수에 취약하며 익사 위험이 크다고 경고했습니다.

극심한 강우 현상이 잦아지며 위기에 몰리는 사람들이 늘어나고 있습니다. 2000~2018년 사이 전 세계 최소 2억 5,500만 명이 대규모 홍수로 피해를 보았습니다. 홍수에 취약한 일부 지역의 인구 증가율이 전 세계 평균보다 높아서 지구가 계속 덥고 습해지면 더 많은 사람이 위험해질 것입니다. 한 예측에 따르면 앞으로 10년 동안 홍수의 위협을 받는 인구는 금세기 초보다 10배나 늘어날 것이라고 합니다.

파괴적인 홍수는 앞으로 지구 가열화의 명백한 징후가 될 것입니다. 유럽에서는 2021년 독일을 강타한 것과 같은 느리게 움직이는, 가장 위험한 폭풍이 2100년까지 최대 14배 자주 일어날 것으로 예상합니다.

영국은 여름과 겨울을 통틀어 이미 1961~1990년보다 약 12퍼센트 더 습해졌으며 극도로 습한 날의 강수량은 같은 기간보다 17퍼센트 늘어났습니다. 이대로라면 2070년까지 겨울은 약 30퍼센트 더 습해지고, 여름은 약 50퍼센트 더 건조해질 것입니다. 후자의 수치는 오해할 수 있는데, 여름철에 강수량이 줄어들면 뇌우로 인한 집중호우로 심각한 돌발 홍수가 일어날 가능성이 커집니다.

2021년 말, 캐나다 서부로 흘러든 대기 강이 대홍수를 일으켜 밴쿠버의 교통망이 완전히 끊겼는데 이는 앞으로 수십 년 동안 일어날 일에 대한 경고입니다. 다만 같은 기간에 전 세계 일부 지역은 비가 너무 많이 내리는 것이 아니라 너무 적게 내려서 문제일 것입니다.

가뭄과 사막화

1935년 콜로라도강에 후버댐이 건설되면서 미국에서 가장 큰 저수지인 미드호가 생겼습니다. 네바다주와 애리조나주 경계에 있는 이 호수와 댐은 미국 인프라의 핵심 요소로써 캘리포니아주, 애리조나주, 네바다주의 수천만 명에게 물과 전력을 공급합니다. 하지만 2000년 이후 오랜 가뭄으로 미드호의 수위는 20년 넘게 꾸준히 줄어들었으며 현재 사상 최저치입니다. 따라서 후버댐은 전력 생산에 차질을 빚고 있으며 이 지역에서 처음으로 제한 급수제를 도입했습니다.

미드호에 영향을 미치는 1,200년 만의 최악의 가뭄은 미국 서부 면적의 4분의 3에 걸쳐 널리 퍼져 있습니다. 미국인 10명 중 1명이 의존하는 콜로라도 하천계는 현재 정상의 절반 수준만 흐르고 있습니다.

미국 남서부의 상황은 더 더우면 더 습하다는 원리가 어디에나 적용되지는 않는다는 사실을 일깨워 줍니다. 온도가 높으면 건조해지기도 합니다. 따라서 가뭄이 더 기승을 부리고 사막 지대가 확산됩니다. 이런 추세는 현재 전 세계 여러 지역에서 뚜렷해지고 있습니다. 2020년에는 전 세계 육지 면적의 거의 20퍼센트가 한 달 동안 가뭄에 시달렸습니다.

2014년 이후 유럽은 2,000년 만에 가장 극심한 가뭄으로 농작물이 전멸하고 대형 산불이 기승을 부렸습니다. 2020년에는 지독한 가뭄이 남미 전역을 강타해 농업에 막대한 피해를 주고 브라질에서만 30억 달러에 이르는 손실을 냈습니다. 태평양 건너 호주에서는 오랜 가뭄으로 산불이 잦아 빅토리아주와 뉴사우스웨일스주의 아고산대 산림이 황폐해졌습니다. 아시아에서는 2021년에 대만의 저수지들이 바닥을 드러냈고, 중앙아시아와 러시아 일부 지역에서는 가뭄으로 가축들이 죽고 사료가 모자라는 문제로 골머리를 앓았습니다.

가뭄은 다른 기상 현상처럼 극적이거나 강력하지는 않지만, 결코 과소평가해서는 안 됩니다. 문화사 학자들은 가뭄을 인류 역사에서 가장 중요한 정치적 변화의 원동력으로 꼽습니다. 금세기 들어 이미 15억 명 이상이 가뭄으로 고통받았으며 이로써 최소 1,240억 달러의 경제 손실이 일어났습니다. 실제로 유엔은 가뭄이 지구촌 사회와 경제에 미치는 영향 면에서 '제2의 팬데믹'이 될 수 있다고 경고하기도 했습니다. 유엔은 금세기 말까지 기후 붕괴로 129개국, 여기에 인구 증가까지 생각하면 추가로 38개국이 가뭄 위협에 노출될 것으로 예측합니다. 이는 전 세계 열 나라 중 아홉 나라가 가뭄의 영향을 받는다는 뜻입니다.

약 100만 명에게 전기를 공급하는 캘리포니아주의

오로빌호 수력발전소는 2021년 8월 호수 수위가 4분의 3으로 줄어 가동을 중단해야 했습니다. 미드호와 후버댐 발전소의 수위가 30미터 더 떨어지면 전력 위기가 일어나 특히 실리콘밸리를 포함한 캘리포니아주의 제조업과 식품 생산에 심각한 타격을 줄 수 있습니다.

수력발전에 의존하는 국가나 지역이라면 어디에나 비슷한 위협이 도사리고 있습니다. 2021년 가을, 브라질 정부는 가뭄이 계속되어 많은 댐의 전력 생산량이 줄어들자 소비자와 기업들에게 전기 사용량을 20퍼센트 줄이라고 요구했습니다. 브라질 전력의 3분의 2는 수력발전으로 공급하기 때문에 가뭄이 심해질수록 국가 기반이 흔들립니다.

가뭄이 전력 생산에 미치는 영향은 특히 아프리카 전역에서 심각합니다. 최근 몇 년 동안 말라위, 탄자니아, 모잠비크, 잠비아에서는 저수지 수위가 낮아져 전력 공급이 중단되거나 공급량이 줄어들었습니다. 아프리카의 많은 나라가 거의 전적으로 수력발전에 의존하는 현실은 재앙으로 가는 지름길입니다.

물론 가뭄은 전력뿐 아니라 식수와 농업용수 공급도 위협하며, 그 여파로 심각한 기근을 일으킬 수 있습니다. 2021년에 물 부족으로 30억 명 이상이 영향을 받은 것으로 추정되며 지구 가열화가 심해지면서 이런 상황이 나아질 가능성은 희박해지고 있습니다. 사하라사막 이남의 일부 지역에서는 3년에 한 번꼴로 농작물과 목초지가 황폐해져 5천만 인구의 생활 기반을 흔들고 있습니다. 전 세계경작지의 5분의 4가 강우량에 의존하고 있기에 앞으로 가뭄이 더 확산되면 전 세계 식량 공급에 막대한 차질이 빚어질 것입니다.

현재 미국 남서부처럼 극심한 더위와 가뭄, 산불이 반복되면 더는 사람이 살 수 없는 환경이 되어 사람들은 강제로 이주할 수밖에 없습니다. 이는 좀 더 더운 지역, 특히 가뭄이 더 심각해질 것으로 예상되는 남유럽, 호주, 중앙아시아, 중남미, 아프리카의 대부분 지역에서 훨씬 더 흔한 상황이 될 것입니다. 현재 사막화 위험이 큰 농경지에 사는 인구는 약 20억 명입니다. 여기에 금세기 중반까지 5천만 명이 추가될 수 있습니다.

폭풍의 대형화

시간을 살짝 거슬러 올라가 보겠습니다. 지구 가열화와 명쾌하게 연관 지을 증거는 없지만, 1987년 10월 영국 남부를 강타한 폭풍을 되짚어 보면 미래에 일어날 일을 짐작해 볼 수 있을 겁니다. 저는 쌀쌀한 가을 저녁에 술 한

잔하러 펍에 들렀다가 한여름처럼 훈훈한 밤에 나왔던 기억이 생생합니다. 실제로 폭풍이 접근하자 30분도 채 안 되어 기온이 무려 10~12도까지 올랐습니다. 물론 바람도 거세게 불었습니다. 남해안의 쇼어햄 바이 시에서는 최대 시속 185킬로미터, 다른 여러 곳에서 시속 160킬로미터의 돌풍이 불었습니다. 잉글랜드 남부 일부 지역은 시속 121킬로미터로 풍속이 지속되었는데, 이는 열대지방의 1급 허리케인과 비슷한 수준입니다. 물론 영국은 큰 타격을 받았습니다. 건물 피해가 잇따랐고 수많은 도로와 철도가 폭풍 잔해 때문에 폐쇄되었습니다. 수십만 가구가 정전되었고 1,500만 그루의 나무가 쓰러졌습니다.

막대한 재정 손실 때문에 보험계에서 87J라는 이름까지 붙인 1987년 폭풍은 1703년 이후로 가장 강력한 폭풍으로 200년에 한 번 일어날까 말까 한 사건이었습니다. 하지만 겨우 3년 뒤, 비슷한 번즈데이Burns' Day 폭풍이 영국을 강타한 뒤 동쪽으로 계속 이동해 유럽 전역에 큰 피해를 주었습니다. 곳곳에서 시속 160킬로미터를 넘는 바람이 불어 광범위한 지역에서 건물이 손상되었고 심각한 홍수로 47명이 목숨을 잃었습니다.

87J처럼 중위도 지역을 습격하는 폭풍은 열대성저기압과 구별하고자 온대성저기압이라고 합니다. 현재까지

는 지구 가열화로 중위도 지방의 폭풍이 증가했다는 명확한 증거는 없습니다. 하지만 앞날은 어둡기만 합니다. 영국과 유럽 전역에서 폭풍으로 생긴 손실은 아직 연평균 20억 달러에 불과하지만, 지구 가열화로 더 강력한 온대성저기압이 자주 일어날 예정이기에 피해액은 크게 뛸 것입니다.

또 다른 위협도 있습니다. 중위도의 바다가 따뜻해지면서 허리케인 같은 열대성저기압이 상륙하는 횟수가 많아질 것입니다. 현재로서는 드물지만 2017년에 일어난 허리케인 오필리아가 그 드문 예 가운데 하나입니다. 열대성 폭풍 오필리아는 대서양 동쪽에서 생겨나 아조레스제도 근처에서 강력한 3급 허리케인으로 발전했습니다. 그 뒤 특이하게도 서쪽인 미국으로 향하지 않고 북동쪽의 이베리아반도로 향했습니다. 유럽에 가까워지면서 세력이 약해졌지만 허리케인의 모든 특징, 특히 나선형 구름으로 둘러싸인 '눈'을 계속 유지했습니다. 북쪽으로 방향을 튼 오필리아는 결국 시속 200킬로미터에 가까운 돌풍으로 아일랜드를 휘저으며 대규모 정전과 심각한 피해를 일으켰고, 그 후 며칠 동안 영국과 스칸디나비아를 괴롭히다가 서서히 소멸했습니다.

허리케인의 잔류 바람이 영국과 유럽 해안에 불어닥

치는 것은 드문 일이 아니지만 오필리아는 실질적인 허리케인으로써 어떤 대형 폭풍보다 오래 머물렀습니다. 허리케인은 바다의 열을 먹고 자라기 때문에 고위도 지역의 바다가 따뜻해지면 허리케인이 더 북상하기 마련입니다. 점점 더 많은 허리케인이 오필리아의 경로를 따라 영국과 유럽을 휩쓸며 대규모 인적, 물적 피해를 일으킬 수 있습니다.

한편, 더 온난한 기후대에서는 이미 폭풍 전선의 피해가 증가하기 시작했습니다. 대서양의 허리케인과 태평양의 태풍을 포괄하는 열대성저기압은 이미 더 파괴적으로 변하고 있습니다. 지구 가열화가 열대성저기압을 더 자주 일으키는지는 확실하지 않지만 세기는 분명 강해지고 있습니다. 전 세계적으로 시속 178킬로미터 이상의 강풍이 지속되는 3~5등급 폭풍 가운데 '대형'으로 분류된 폭풍의 비율이 크게 늘었으며, 이런 추세는 계속될 것으로 보입니다. 대형 폭풍은 전체 피해의 85퍼센트를 차지하므로 특히 걱정스러운 상황입니다.

앞으로 대형 열대성저기압이 2081~2100년까지 전 세계적으로 25퍼센트, 대서양에서는 30퍼센트 더 많이 일어날 것으로 예상합니다. 시속 252킬로미터 이상의 초강풍을 동반하는 5등급 폭풍의 증가율은 각각 85퍼센트,

136퍼센트로 더 심각합니다. 일각에서는 22세기 초까지 일부 열대성저기압의 위력이 너무 세져서 최상위 등급인 6등급을 새로 추가해야 할 수도 있다고 지적합니다.

1992년 플로리다주 동부 해안에 상륙한 허리케인 앤드류는 미국 본토에 상륙한 단 세 건의 5등급 폭풍 가운데 하나로, 상상을 초월하는 피해를 입혔습니다. 시속 280킬로미터에 이르는 돌풍이 지축을 뒤흔들어 주택 6만 채 이상이 파괴되고 12만 채 이상이 피해를 보았습니다. 가상의 6등급 폭풍은 완전히 다른 차원의 파괴력을 발휘할 것입니다.

풍속이 더욱 빨라진다는 것은 더 큰 '폭풍 해일'을 의미하기도 합니다. 2005년 허리케인 카트리나가 동반한 9미터의 해일은 홍수 방벽을 넘어 뉴올리언스의 5분의 4 이상을 침수시켰으며 1,800명의 목숨을 앗아갔습니다. 충격적인 수치이지만, 미래의 슈퍼 폭풍이 만들어 낼 해일의 위력에 비하면 미미한 수준일 것입니다.

지구 가열화에 따라 열대성저기압은 더 강력해질 뿐만 아니라 더 많은 물을 머금고 이동합니다. 따라서 이동 속도가 느려지고 때로는 정체되어 한 지역에 물벼락을 내리면서 심각한 홍수 위험이 급증하고 있습니다. 2017년 텍사스 일부 지역에 1.5미터가 넘는 폭우를 쏟아부어

1,250억 달러에 이르는 엄청난 손해를 끼친 허리케인 하비는 가까운 미래를 암시하는 예고편일 뿐입니다. 해안에서 멀리 떨어진 지역도 더운 대기로 더 큰 토네이도의 위협을 받고 있습니다. 지구 가열화와 토네이도의 연관성은 갈수록 두각을 드러내고 있습니다. 미국에서 토네이도가 많이 일어나는 지역인 '토네이도 통로Tornado Alley'는 갈수록 동쪽으로 이동하고 겨울철에 더 자주 볼 수 있습니다. 이는 2021년 12월 켄터키에서 90명 이상의 사망자를 낸 것과 같은 토네이도가 더 많이 일어날 수 있다는 뜻입니다.

식량난과 기근 그리고 분쟁

가뭄, 식량난, 기근, 이주, 분쟁의 상호 관계는 지구 가열화와 기후 붕괴가 사회에 미칠 파급 효과를 가장 잘 보여 줍니다. 가뭄은 농업에 점점 더 심각한 영향을 미치고, 이는 개발도상국에서는 식량 부족과 기근으로, 선진국에서는 물가 인상으로 이어질 수밖에 없습니다. 장기적으로는 대규모 이주, 물줄기를 사수하기 위해 지역과 국가 사이 분쟁이 일어날 것입니다.

특히 아프리카 대륙은 기근의 영향에서 벗어난 적이 없는데, 이제 지구 가열화가 부채질하여 상황이 더 심각해지고 있습니다. 2021년 가장 큰 피해를 입은 지역은 동아프리카였습니다. 마다가스카르 남부에서는 기온이 10퍼센트 오르고 강수량이 10퍼센트 줄면서 긴 가뭄으로 100만 명 이상이 기아 위협에 처했습니다. 많은 사람이 굶주림을 면하고자 선인장 잎, 흰개미, 진흙과 재 따위를 먹을 수밖에 없었고 어린이들의 영양실조 비율은 겨우 몇 달 만에 2배로 증가했습니다. 유엔이 최초의 기후변화 기근이라고 이름 붙인 이 사태는 제가 이 글을 쓰는 시점에도 여전히 개선될 기미가 보이지 않습니다. 게다가 2022년 초에 세 차례의 파괴적인 사이클론이 일어나 상황은 더욱 악화됐습니다.

　2021년에는 에티오피아, 남수단, 예멘에서도 기근이 일어났으며 케냐에서는 국토의 절반이 극심한 가뭄을 겪으며 200만 명 이상이 기아 위기에 처했습니다. 최근 몇 년 동안 동아프리카 대부분 지역에서 계속되는 가뭄은 돌발적인 홍수와 메뚜기 떼의 재앙으로 더욱 심각해졌습니다.

　유엔 세계식량계획은 2021년에 43개국 4,100만 명이 기근 위기에 처할 것으로 예상했는데 이는 2019년의 2,700만 명보다 크게 오른 수치입니다. 지구 가열화가 점점 빨라지고 기상이변이 잇따라 일어나면서 이 수치는 한 방향으로만 가고 있습니다.

선진국은 아직 기아 영향권에 들지 않았지만 2021년 말부터 농작물들이 기상이변에 굴복하면서 이미 원재료가 부족해 가격이 오르고 있습니다. 대표적으로 파스타 가격이 급상승했는데, 이는 여름 폭염과 가뭄으로 캐나다 듀럼밀의 수확량이 크게 떨어진 결과입니다. 레드와인도 비슷합니다. 2021년 유럽 전역의 포도밭이 큰 타격을 입으면서 프랑스에서는 와인 생산량이 27퍼센트, 스페인에서는 25퍼센트 급감했습니다. 여기에 악천후와 가뭄으로 브라질 커피나무의 3분의 1이 말라 죽어 커피 가격이 폭등하고 아프리카의 카카오 생산량도 줄어들면서 만찬 모임을 주최하는 사람들의 한숨이 늘어만 가고 있습니다.

이는 더 더운 세상에서 일어날 심각한 식량 공급 문제의 전조일 뿐입니다. 2021년 북미 폭염 기간에 체리, 블루베리, 사과 들이 나무째로 구워진 현상이 있었는데, 이는 앞으로 훨씬 더 흔해질 농작물 피해의 초기 사례로 봐야 합니다. 최근 연구에 따르면 2100년까지 기상이변으로 농작물 피해가 10배까지 증가할 것으로 보입니다.

하지만 굳이 세기말까지 기다릴 필요 없습니다. 지구 평균기온이 10년 안에 1.5도만 올라도 식량 공급에 심각한 타격이 생깁니다. 가장 큰 문제는 전 세계에서 소비

되는 총 칼로리의 5분의 4가 밀, 옥수수, 쌀을 포함한 단 10가지 주요 작물에서 나온다는 점입니다. 이는 대부분의 나라에서 균형 잡힌 칼로리를 섭취하는 데 막대한 영향을 일으킬 것입니다. 이미 2020년에 전 세계 옥수수 생산량은 1981~2010년의 평균보다 6퍼센트, 가을밀은 3퍼센트, 쌀은 거의 2퍼센트 줄어들었습니다.

한 연구에 따르면 기후 붕괴로 10가지 주요 작물로 얻을 수 있는 칼로리가 약 1퍼센트 줄고 있다고 합니다. 언뜻 미미해 보이지만 이는 연간 35조 칼로리의 손실로, 5천만 명 이상이 섭취할 수 있는 양입니다. 2050년까지 전 세계 옥수수 생산량은 거의 25퍼센트, 쌀은 11퍼센트, 감자는 9퍼센트 줄어들 것으로 예측합니다. 밀은 3퍼센트만 줄어들어 좀 나은 수준이지만, 이 수치를 모두 합치면 전 세계적으로 소비할 수 있는 칼로리가 크게 줄어, 특히 개발도상국에 큰 타격을 줄 것입니다. 저처럼 차를 마시지 않으면 못 사는 사람들에게 덧붙이자면, 세계 주요 차 재배지도 악천후에 큰 타격을 받아 수확량이 대폭 줄어들 것입니다. 영국에서 마시는 차의 거의 절반을 공급하는 세계 최대 홍차 생산국인 케냐는 차 재배에 가장 이상적인 지역이 금세기 중반까지 4분의 1로 줄어들고 그 외 재배지는 40퍼센트 가까이 줄어들 것이라고 예상합니다.

지구에서 일부 지역이 특정 작물을 재배하는 데 적합하지 않게 되면 다른 지역이 적합해지는 것 아니냐는 지적이 있습니다. 이는 명백한 착각입니다. 예를 들어 영국의 기온이 앞으로 계속 오르고 서리가 줄어들면 언뜻 포도를 재배하는 데 더 알맞은 환경이 만들어질 것처럼 보이지만, 실제로는 극심한 홍수, 폭염, 가뭄, 신종 해충과 싸워야 할 것입니다. 농업에 관한 한 지구 가열화 게임에서 승자는 없습니다. 모두 패배합니다.

폭염과 가뭄, 흉작으로 사람들이 삶의 터전을 떠나는 경제적 이주가 급증할 것으로 예상합니다. 2050년에는 사하라사막 이남의 아프리카, 남아시아, 라틴아메리카 등지에서 2억 5,000만 명 이상이 기후 붕괴로 길 위에 내몰린 채 이동하고 있을 것입니다. 20년 후에는 지구 면적의 5분의 1이 사실상 살 수 없는 곳이 되어 더 많은 이주를 재촉할 수 있습니다.

굶주리고 절망에 빠진 수많은 사람이 피난처를 찾아 지역을 옮기고 국경을 넘으면서 질서가 무너지고 이웃 국가끼리 충돌할 수밖에 없습니다. 특히 미국, 영국, 유럽연합 같은 선진국들은 수많은 난민의 목적지가 될 것이며 인신매매와 현대판 노예가 폭발적으로 증가해 치안 문제가 심각해지고, 이주 정책을 마련하기 위해서 큰 어려

움을 겪을 것입니다. 기후 붕괴와 기근, 이주, 분쟁 사이의
연관성은 뒤에서 더 자세히 살펴보겠습니다.

6

가라앉는 대륙

변화하는 바다

전 세계 인구 10명 중 4명이 해안에서 150킬로미터 이내에 살고 있기 때문에 해수면 상승 여부와 속도에 관심이 쏠릴 수밖에 없습니다. 해수면이 1미터만 올라도 해안 지역 주민 2억 5,000만 명의 삶과 생계가 위협받습니다.

전 세계 물의 97퍼센트, 즉 13억 세제곱킬로미터나 되는 엄청난 물이 바다라는 거대한 저장고에 보관되어 있습니다. 우리가 사는 지표면을 기준으로 해수면의 높낮이는 첫째, 극지방 얼음의 양과 둘째, 대양 분지의 폭과 깊이에 의해 결정됩니다.

기나긴 지구 역사에서 해수면은 기후의 변화와 대륙

의 이동에 따라 극적인 요요 현상을 겪었습니다.

빙기에는 바닷물의 약 4퍼센트가 거대한 빙상에 편입되어 해수면이 100미터 이상 낮아집니다. 또한 대양 분지들이 넓고 깊게 형성될 때도 해수면은 낮아집니다. 여러 대륙이 서서히 이동하다가 서로 붙어 하나의 초대륙을 이루면 바다가 육지에서 물러나면서 지표면이 더 많이 드러나기 때문입니다.

오늘날처럼 대륙들이 넓게 흩어져서 대양 분지들이 좁고 얕은 경우, 갈 곳 없는 바닷물이 분지 가장자리의 낮고 넓은 땅으로 흘러넘치게 됩니다.

우리는 5억 4,100만 년 전 선캄브리아기Precambrian Period에 해수면이 어땠는지 정확히 알 수 없습니다. 하지만 최근에 고대 해안선과 해양 퇴적물의 패턴을 조사해서 꽤 선명한 그림을 그릴 수 있게 되었습니다.

약 5억 년 동안의 해수면 변화 그래프를 보면 두 개의 높은 지점과 세 개의 낮은 지점으로 이뤄진 'M' 모양을 볼 수 있습니다. 선캄브리아기 말기에 판노티아 초대륙이 해체된 뒤 해수면은 약 4억 5,000만 년 전의 오르도비스기Ordovician Period 때 최고조에 이르러 지금보다 무려 200미터 이상 높았습니다.

대륙이 다시 합쳐져 판게아Pangaea를 이루면서 전 세계 해수면은 크게 낮아졌고 2억 5,000만 년 전 페름기Per-mian Period에는 오늘날과 비슷한 최저점에 도달했습니다. 판게아의 붕괴로 해수면은 다시 오늘날보다 약 170미터 올라가 약 8,000만 년 전 백악기 후반에 또다시 정점을 찍었습니다. 그 후 지난 수백만 년 동안 빙기와 간빙기를 오가며 급격히 변하긴 했으나 거의 내내 내리막이었습니다.

약 2만 년 전 마지막 빙기가 절정이었을 때 전 세계 해수면은 지금보다 최대 130미터나 낮아져 육지 면적이 크게 늘었습니다. 영국은 유럽 본토와 연결되어 있었으며 현재 북해 해역인 도거뱅크에는 사람이 살았습니다. 다른 곳에서는 알래스카와 시베리아, 인도네시아의 여러 섬, 호주와 파푸아뉴기니가 육로로 연결되어 우리 조상들이 지구 곳곳으로 이동할 수 있었습니다.

기온이 올라가고 거대한 빙상이 사라지면서 비었던 대양 분지들이 빠르게 채워졌습니다. 해수면은 대체로 아주 서서히 올라갔으나 때때로 빙하호에서 엄청난 양의 물이 흘러들어 불과 1~2세기 만에 몇 미터나 올라가기도 했습니다. 약 8,000년 전까지만 해도 해수면은 산업화 이전과 비슷한 수준이었으며 지구 가열화가 시작되기 전까지 안정적으로 유지되었습니다.

현대에 와서는 해수면 높낮이를 기계식 자가 기록 검

조기로 직접 측정하고 변화를 추적할 수 있습니다. 기계식 검조기는 1830년부터 여러 형태로 발전해 왔으며, 현재 이용하는 검조기는 압력과 초음파 센서가 있어서 조수 변화를 감지하고 시간에 따른 해수면 변화를 정교하게 측정합니다.

전 세계의 검조 기록을 모아 그린 그래프는 해수면이 다시 꾸준히 오르고 있음을 보여 줍니다. 20세기 동안 지구 가열화로 극지방의 얼음이 녹으면서 전 세계 해수면은 약 20센티미터 올랐습니다. 수천 년 만에 처음으로 상승세를 탔는데, 오랜 지구 역사에서 이례적으로 자연적인 현상이 아니었죠.

검조기는 본래의 목적에는 유용한 도구이지만 지구 가열화로 생기는 연간 해수면의 미세한 변화를 추적하는 데는 적합하지 않습니다. 다행히 현재 적합한 기능을 갖춘 위성이 지역별로 다르게 나타나는 해수면 상승 패턴을 관측해 지구 전체에서 일어나는 일을 알려 줍니다. 그리고 그 위성이 전해 주는 소식은 걱정스럽기만 합니다.

해수면 상승

2005년, 남태평양 바누아투 군도의 작은 섬 테구아의 주민들은 해수면 상승으로 해안 마을을 떠나 안전한 내륙으로 이주해야 했습니다. 당분간은 안전할지 몰라도 해발 몇 미터밖에 되지 않는 새 정착지가 장기적인 해결책으로 보이지는 않습니다. 유엔은 테구아섬 주민들을 인류가 환경에 끼친 영향 때문에 고향에서 쫓겨난 세계 최초의 기후변화 난민으로 인정했습니다. 이들이 최초이자 마지막은 아닐 것입니다.

테구아를 비롯한 태평양 저지대 섬 주민들에게 기후붕괴는 눈앞에 닥친 현실입니다. 이미 몇몇 무인도는 영구적으로 물에 잠겼으며 마셜제도, 솔로몬제도, 투발루를 비롯한 많은 섬은 바다가 육지를 점점 더 침범하면서 앞날이 캄캄한 상황입니다. 인도양의 몰디브는 1,100개 섬에 육지의 평균 높이가 해발 1.2미터밖에 안 돼서 특히 위태롭습니다. 방글라데시도 마찬가지입니다. 2080년대까지 해수면이 65센티미터 올라갈 것으로 예상되는 방글라데시의 남부는 비옥한 경작지의 거의 절반이 파도에 휩쓸려 사라질 것입니다.

최악의 소식은 지구 평균기온이 1도 오를 때마다 해수면이 궁극적으로 2.3미터씩 올라간다는 것입니다. 다시말해, 기온 상승 폭을 1.5도로 제한할 수 있다고 해도 결국 해수면은 3미터 이상 높아질 것입니다. 믿고 싶지 않지만 이는 기후가 오늘날과 비슷하거나 좀 더 따뜻하고 해수면이 높았던 이전 간빙기의 조건과 일치합니다.

유일하게 풀리지 않은 문제는 해수면이 몇 미터 올라가는 데 얼마나 걸리느냐입니다. IPCC는 6차 평가 보고서에서 2100년까지 해수면이 현재보다 약 1미터 올라가 수억 명의 삶에 악영향을 미칠 가능성이 크다고 예측했습니다. 하지만 실제 상황은 훨씬 더 심각할 수 있습니다. 다른 많은 연구가 뒷받침하고 IPCC도 인정하듯이 금세기 말까지 해수면 상승이 그보다 두 배, 어쩌면 그 이상이 될 가능성도 충분합니다.

실제 관찰 결과도 IPCC가 위협을 과소평가하고 있음을 시사합니다. 1900년에서 1990년 사이에 전 세계 평균 해수면은 매년 1.4밀리미터씩 올랐는데, 이는 걱정할 만한 수준은 아닙니다. 하지만 지난 50여 년을 돌아보면 이야기가 다릅니다. 전 세계 평균 해수면 상승은 1970~2015년에 연간 2.1밀리미터, 2006~2015년에 연간 3.6밀리미터, 2015~2019년에는 연간 5밀리미터에 이르렀으며 여기서 멈추지 않을 것입니다. 해수면이 1센티미터 오를 때마다 600만 명이 추가로 해안 홍수의 위협을 받는다는 점을 고려하면 상황은 시급합니다. 가장 심각한 걱정은 해수면 상승이 최대로 20년마다 두 배씩 증가할 수도 있다는 점입니다. 20년마다 두 배씩 오른다는 것은

2040년까지 해수면이 매년 1센티미터, 2060년부터는 매년 2센티미터, 2080년부터는 매년 4센티미터, 금세기 말부터는 매년 8센티미터씩 오른다는 의미입니다.

해마다 급격한 속도로 해수면이 올라가는 주된 원인은 얼음이 녹는 속도도 함께 빨라지기 때문입니다. 해빙 속도가 빨라지는 현상은 산악 빙하부터 만년설, 극지방의 거대한 빙상까지 지구 곳곳에서 벌어지고 있습니다. 지금까지의 상승은 대부분 그린란드와 서남극 빙상이 빠르게 녹고 있는 탓입니다.

2100년까지 최악의 예측이 실현되든 안 되든, 해수면이 전 세계 연안은 물론 지구상의 대도시 대부분을 휩쓸만큼 오르는 것은 시간문제입니다. 금세기 중반이면 현재 약 1억 5,000만 명이 거주하는 육지가 만조로 잠길 것이라고 예상합니다. 그중 3,000만 명은 해안 인구 밀집도가 높은 중국의 인구입니다. 금세기 말까지 해수면이 1미터만 상승해도 4억이 넘는 인구가 해발 2미터 미만의 육지에 살게 되어 위협에 노출됩니다.

해수면 상승 위협의 핵심은 해수면이 모든 곳에서 동등하게 오르지 않는다는 점입니다. 육지의 상승 또는 침하, 해류의 영향 따위로 해수면 상승치는 지역마다 다릅니다. 평균 길이의 해안선에서는 연간 약 3밀리미터 오르지만, 해안가에 사는 사람들이 직면하는 현실은 다릅니다. 해수면이 전 세계 평균치의 2배나 되는 연간 8~10밀리미터 오르기 때문입니다. 이는 삼각주에 건설된 상하이, 자카르타, 뉴올리언스 같은 대도시들이 지하수를 끌어다 쓰면서 가라앉기 때문입니다. 인도네시아의 수도 자카르타는 연간 10센티미터의 속도로 내려앉고 있는데, 전 세계 평균 해수면 상승치의 20배입니다. 뉴올리언스는 이미 너무 많이 내려앉아 현재 절반이 해수면 아래에 있으며 방파제에 의해서만 보호되고 있습니다.

이런 인구 밀집 지역은 영구적인 침수 위험에 가장 취약합니다. 또한 해수면이 계속 오르면서 갈수록 더 큰 폭풍 해일과 해안 홍수의 위협을 받고 있습니다. 지구 가열화가 계속되면서 이르면 2040년에는 원래 100년에 한 번꼴로 일어나던 해안 홍수가 해마다 일어날 수 있습니다. 게다가 바닷물이 침투하면 농작물이 피해를 보고 담수가 오염됩니다. 심지어 건물의 콘크리트 구조물이 부식되어 붕괴할 수 있습니다. 실제로 2021년 플로리다주 서프사이드의 한 아파트가 무너져 약 100명이 사망한 사건의 원인으로 염해를 지목했습니다.

2021년 10월 영국에서는 역사상 200번째로 템스강의 홍수 방벽 수문을 닫았습니다. 해안 홍수와 폭우로 하천이 범람하는 위험에서 런던을 보호하려는 조치였습니다. 영국 환경청은 이 방벽이 2070년까지 제 역할을 할 수 있다고 주장하지만 해수면이 더 높아지고 강우량이 더 많아지면 효율성이 떨어질 것입니다. 영국 해안선의 많은 곳에는 방어 시설이 거의 또는 전혀 없습니다. 금세기 말까지 해수면이 2.5미터만 올라도 보스턴과 스폴딩은 실존적 위협에 직면하고 피터버러와 케임브리지 모두 해변 도시로 바뀔 수 있다는 사실은 영국이 해수면 상승에 얼마나 취약한지 무섭게 일깨워 줍니다.

빙하가 사라지는 그린란드

그린란드 빙상은 지구상에서 남극 다음으로 큰 얼음덩어리이며 부피는 280만 세제곱킬로미터, 면적은 멕시코와 맞먹습니다. 빙상의 평균 두께는 2킬로미터 이상이고 3킬로미터가 넘는 곳도 있습니다. 가장 주목해야 할 수치는 따로 있습니다. 그린란드 빙상이 모두 녹으면 전 세계 해수면이 약 7미터 오른다는 것입니다.

그린란드는 사실 1,400만~1,100만 년 전 미오세Miocene Period 중기부터 매우 오랜 기간 빙하로 덮여 있었습니다. 그 뒤로 증감을 반복했지만 늘 어떤 형태로든 존재해 왔습니다. 시추공에서 발견된 가장 깊은 얼음층의 연대를 측정한 결과 빙상은 지난 백만 년 동안 안정적으로 유지된 것으로 보입니다. 그런데 최근 연구를 보면 그 이전 150만 년 동안 거의 모든 빙상이 적어도 한 번 이상 녹은 것을 알 수 있습니다. 이는 빙상이 우리가 알던 것보다 덜 안정적이며 지구 가열화로 엄청나게 녹아서 붕괴될 가능성이 커졌음을 보여 줍니다.

기후가 비교적 안정적이었던 지난 수천 년 동안 그린란드 빙상은 부피가 거의 그대로였지만, 지난 수십 년 사이 기온이 오르면서 점점 더 빠른 속도로 붕괴하고 있습니다. 주로 여름철에 빙상 표면이 녹은 물이 호수들을 형성하는데 그중 일부는 수백억 리터나 됩니다. 일부 호수는 얼음 표면을 가로질러 하천으로 흘러듭니다. 또 일부는 빙상 내부로 흘러들어 빙상 밑의 암반을 따라 바다에 이릅니다. 그리고 그와 동시에 빙하의 끝이 바다에 닿아 있는 조수 빙하도 바다가 더워지면서 약해져 빙하에서 떨어져 나오는 일이 잦아지고 있습니다.

1990년대에 그린란드 빙상은 연간 330억 톤이 사라졌는데, 지난 10년 사이 그 수치가 7배나 늘었습니다. 2002~2016년에는 연간 2,600억 톤이 사라졌고, 2018~2019년만 해도 3,290억 톤이 사라졌습니다. 1992년부터 2018년까지 총 3조 8,000억 톤의 얼음이 사라진 것입니다. 수치로 감이 잡히지 않는다면 다른 방식으로 살펴봅시다. 공공 수영장 일곱 곳에 담긴 물이 1초마다 그린란드 빙상에서 북대서양으로 쏟아진다고 상상해 보세요. 이제 좀 겁이 나실 겁니다.

2021년 유럽 폭염에 그린란드 빙상이 잘 버티지 못한 것은 당연합니다. 7월에는 빙상 일부 지역의 온도가 19.8도까지 올라 단 이틀 동안 약 170억 톤의 얼음이 사라졌고, 7월 한 달 동안 전체적으로 빙상 표면적의 약 3분의 2에서 해동 현상이 일어났습니다. 또한 바다와 만나는 곳의 빙하가 녹아내리면서 거대한 빙산 덩어리가 북극해로 흘러가 최악의 유실량을 기록했습니다. 해저에 잠긴 얼음이 따뜻한 바닷물에 닿아 녹는 해저 해빙도 기록적인 수준이었습니다. 무엇보다 8월 14일에는 처음으로 빙상 정상에 비가 내리는 장면이 기록되었습니다. 해발 3,216미터인 이곳은 연평균 기온이 영하 30도로 매우 추운데, 그린란드의 기후가 완전히 새로운 국면으로 접어들고 있다는 것을 보여 주는 충격적인 증거입니다.

그린란드 빙상이 앞으로 어떻게 될지는 아무도 정확히 예측할 수 없지만 지구 평균기온이 계속 오르면서 빙하가 녹는 속도가 계속 빨라져 해수면 상승에 박차를 가할 것은 분명합니다. 앞서 말했듯이 가장 큰 두려움은 티핑 포인트, 즉 빙상의 전부 또는 대부분이 붕괴하는 사태를 돌이킬 수 없는 때가 온다는 것입니다.

2021년에 한 연구는 그린란드 빙상의 일부가 피할 수 없는 티핑 포인트 직전에 있다고 밝혔습니다. 전체 빙상의 거의 7퍼센트를 차지하는 거대한 야콥스하븐 빙하가 곧 양의 되먹임 고리에 갇힐 것처럼 보인다는 것입니다. 표면이 녹으며 빙하의 높이가 낮아져 낮은 고도의 따뜻한 공기와 접촉하게 되고, 이는 다시 빙하를 더 녹여 높이가 더 낮아지는 결과를 낳습니다. 야콥스하븐 빙하가 티핑 포인트를 지났거나 곧 지날 경우 해수면이 1~2미터 상승할 것입니다.

어쩌면 우리가 그린란드 빙상의 티핑 포인트를 이미 지났는지도 모릅니다. 그리고 정녕 지났다면 빙상이 얼마나 빨리 붕괴할지도 미지수입니다. 현재까지의 추세로는 빙상이 전부 사라지려면 수천 년이 걸릴 것이라고 예상합니다. 하지만 일부 연구자들은 훨씬 더 빨리 붕괴할 수 있다고 봅니다. 특히 이전 간빙기에서 한 세기 만에 해수면이 3미터나 오른 것이 그린란드 빙상이 갑작스럽게 엄청난 양이 녹았기 때문일 수도 있다는 점이 특히 걱정스럽습니다.

그린란드 빙상이 본격적으로 사라지기 시작하면 해

수면이 오르는 것은 물론 재앙적인 여파가 연쇄적으로 일어날 것입니다. 가장 무서운 여파는 북대서양에 차가운 물이 넘쳐 나면서 멕시코만류와 같은 해류들이 완전히 멈추는 것입니다. 이는 북반구에 한파를 몰고 올 뿐만 아니라 전 세계 기상 패턴에 큰 혼란을 일으킬 것입니다.

남극에서 온 급보

그린란드의 통계도 인상적이지만 남극의 통계는 훨씬 놀랍습니다. 지구 전체 담수의 거의 3분의 2가 남극 대륙의 98퍼센트를 덮는 얼음 속에 갇혀 있는데, 그 양이 무려 26조 5,000억 톤이나 됩니다. 남극 빙상은 4,550만 년 전인 에오세Eocene Period 중기부터 발달하여 북극 빙상보다 훨씬 더 오래 존재해 왔습니다. 그 뒤 간혹 가장자리가 녹아내리기도 했지만 중심부는 늘 건재했습니다. 남극의 얼음이 전부 녹는다면 전 세계 해수면은 약 58미터 오를 것입니다. 말할 필요도 없이 인류 문명은 파국으로 치닫습니다. 하지만 다행히 이런 일이 일어날 가능성이 크다고 예측하는 기후 붕괴 모델은 적어도 아직은 없습니다.

그렇지만 남극 빙상은 이미 기온 상승으로 몸살을 앓고 있으며 이산화탄소 배출량을 아무리 줄여도 해수면이 크게 오를 수 있습니다. 1990년대부터 2011년까지 남극에서는 해마다 약 760억 톤의 얼음이 사라졌는데 이는 전 세계 해수면을 매년 0.2밀리미터씩 상승시킬 수 있는 양입니다. 그런데 2012년에서 2017년 사이 그 양이 연간 2,190억 톤으로 3배 증가하여 해수면을 0.6밀리미터 상승시킬 만한 양을 기록했습니다.

이 새로운 배율로 계산해도 앞으로 25년 동안 남극이 해수면 상승에 기여하는 정도는 1.5센티미터밖에 안 됩니다. 이 자체로는 크게 걱정할 정도가 아닙니다. 하지만 이 기간에 증가하는 속도가 유지된다면, 그러니까 녹는 속도가 5년마다 3배씩 뛴다면 결과는 매우 달라집니다. 이 경우 빠르면 2040년대 초반에 연간 상승치가 5센티미터에 가까워질 것입니다. 그린란드의 빙상이 사라지고, 수온 상승으로 해수가 팽창되는 영향을 제외하고도 말입니다.

남극 빙상은 하나로 이어지는 얼음덩어리지만 정확하게는 동남극 빙상과 서남극 빙상으로 나뉩니다. 두 빙상은 남극횡단산지라는 산맥으로 분리되어 있는데, 이 산맥은 얼음의 이동을 유도합니다. 산맥의 동쪽에서는 얼음이 동쪽으로 흐르고 반대쪽에서는 서쪽으로 흐릅니다. 대부분의 얼음이 동쪽에 갇혀 있는데 모두 녹으면 전 세계 해수면을 53미터나 끌어올릴 수 있는 양입니다. 서남극 빙상은 그보다 훨씬 더 작으며, 남미 끝자락과 가까워 기온이 제일 높은 남극반도를 포함하고 있습니다.

최근 가장 불안정하고 얼음이 많이 녹는 곳이 바로 이 서남극 빙상입니다. 이 빙상이 무너지면 전 세계 해수면이 약 5미터 올라갈 수 있습니다. 서남극 빙상은 기반이 해수면보다 훨씬 아래에 있어서 '해양 기반' 빙상으로 분류하며, 그 가장자리는 바다에 평평하게 떠 있는 얼음 덩어리, 즉 빙붕으로 이뤄져 있습니다. 따라서 그린란드의 조수 빙하와 마찬가지로 바다가 따뜻해지면서 녹는 속도가 빨라지고 있습니다.

서남극 빙상의 붕괴 여부와 시기를 결정하는 중요한 요소는 프랑스 크기만 한 거대한 로스 빙붕과 그보다 약간 작은 필히너-론 빙붕의 움직임입니다. 현재 두 빙붕 모두 녹고 있으며 결국 허물어지리라는 우려가 있습니다. 빙붕은 이미 물 위에 떠 있기에 완전히 녹더라도 딱히 해수면을 상승시키지 않습니다. 하지만 빙붕이 막고 있던 빙하가 이전보다 2~3배 빠르게 바다로 흘러 들어가 해수면이 크게 오를 수 있습니다.

빙붕 말고도 파인 아일랜드와 스웨이츠라는 두 거대한 빙하가 서남극 빙상에서 흘러 나가며 최근 수십 년 동안 남극 얼음 유실량의 상당 부분을 차지하고 있습니다. 이 빙하들은 빙붕이 막고 있지 않기 때문에 기온과 수온이 계속 오르면서 더 빨리 녹을 수밖에 없습니다.

파인 아일랜드 빙하는 남극에서 가장 빠르게 녹는 빙하로, 전체 얼음 손실량의 4분의 1을 차지합니다. 이 빙하가 전부 녹으면 전 세계 해수면은 0.5미터 상승할 것이며 10년 이내 어떤 노력으로도 돌이킬 수 없는 티핑 포인트에 다다를 수 있습니다.

이웃한 스웨이츠 빙하의 상태도 불안하기는 마찬가지입니다. 영국보다 큰 거대한 빙하가 따뜻한 바닷물의 영향으로 무너질 위기에 처해 있습니다. 이미 전 세계 해수면 상승의 4퍼센트를 책임지고 있으며 완전히 녹으면 해수면이 65센티미터나 높아집니다. 스웨이츠 빙하가 사라지면 주변 빙하들이 연쇄적으로 붕괴해 결국 해수면이 3미터 정도 오를 수 있기에 스웨이츠 빙하는 '최후의 빙하'라고도 합니다. 최근 연구에 따르면 이 빙하도 파인 아일랜드 빙하처럼 앞으로 몇 년 안에 티핑 포인트가 와서 붕괴가 시작될 가능성이 있습니다. 이런 티핑 포인트가 얼마나 빠르게 해수면 상승으로 이어지는가는 논쟁의 여지가 있습니다. 적어도 수백 년이 걸릴 것이라는 의견이 지배적이지만, 일각에서는 지난 간빙기의 해수면 급상승을 고려하면 훨씬 더 빨리, 심지어 금세기 후반에 이뤄질 것이라고 주장합니다.

가장 무서운 것은 남극횡단산지 너머 훨씬 더 큰 동남극 빙상에서 일어나고 있는 일입니다. 최근까지만 해도 동남극 빙상은 지구 가열화의 영향을 거의 받지 않는 잠자는 거인처럼 여겨졌지만 이제 곧 깨어날 것처럼 보입니다. 실제로 남극 동부에서는 얼음이 40년 전보다 6배나 많이 녹고 있습니다. 동남극 빙상과 서남극 빙상이 모두 무너지기 시작하면 해수면이 얼마나 높이, 얼마나 빨리 오를지는 따져 보았자 의미가 없을 겁니다.

7

미지수

수많은 연구자가 방대하게 쌓인 데이터를 분석해도 기후 변화 과학에는 여전히 분명하지 않거나 설명하기 어려운 요소들이 있습니다. 이러한 미지수는 예기치 못한 결과를 일으켜 기후 붕괴의 영향을 훨씬 더 심각하게 만들 우려가 있습니다. 가장 걱정되는 네 가지는 다음과 같습니다.

불안정한 멕시코만류

할리우드 블록버스터 영화 〈투모로우〉는 지구 가열화로 멕시코만류가 멈춰 곧바로 빙하시대가 시작된다는 내용입니다. 순 허구지만 그 중심에는 현실의 씨앗이 담겨 있습니다.

대서양 자오면 순환Atlantic Meridional Overturning Circulation으로 알려진 멕시코만류와 같은 해류들은 북반구의 상당 부분을 따듯하게 유지하는 데 중요한 구실을 하며, 이 흐름이 끊기면 기온이 확 떨어질 수 있습니다. 그렇다고 새로운 빙기가 올까요? 절대 아닙니다!

대서양 자오면 순환은 매초 아마존강 100개에 맞먹는 양의 물을 이동시키는 거대한 컨베이어시스템이라고 생각하면 이해하기 쉽습니다. 물과 함께 엄청난 열도 전달하는데, 한 연구에 따르면 히로시마 원자폭탄 10개가 터질 때 생기는 열과 맞먹습니다. 이 흐름이 중단되면 우리는 피부로 알아차릴 수 있습니다. 걱정스럽게도 관측에 따르면 이미 지구 온도 상승으로 이 해류가 멈출 위기에 처했습니다.

이 해류는 기본적으로 열대지방의 얕고 따듯하고 염분이 높은 해수를 북쪽으로 운반하고, 깊고 차갑고 염분이 낮은 해수를 남쪽으로 운반합니다. 고위도에서 공기에 열을 빼앗긴 해수의 밀도가 높아지면서 가라앉아 심층 순환이 이뤄집니다.

하지만 이제 지구 가열화로 고위도의 해수면이 따듯해지고 극지방의 얼음이 녹으면서 바다에 담수가 더 많이 흘러들고 있습니다. 이렇게 따듯해진 물과 늘어난 담수의 조합은 북상하는 해수의 밀도를 낮춰 심층 순환류에 힘을 실지 못합니다. 따라서 흐름이 점점 더 느려져 멈추게 된다는 것입니다.

한동안 대서양 자오면 순환이 약 15퍼센트 둔화했다는 주장이 제기되었는데, 이 추정치는 제한된 기간의 모니터링을 토대로 했기 때문에 단기적인 변동의 결과일 수도 있습니다. 하지만 2021년에 이 문제를 집중 조명한 두 연구 보고서가 발표되었습니다. 한 보고서는 이 순환이 1,000여 년 만에 가장 취약한 상태이며 1960년대 이후로 점점 빠르게 둔화했다고 밝혔고, 다른 보고서는 곧 흐름이 멈출 것이라고 경고했습니다.

최근의 IPCC 보고서는 이와 모순되는 방향으로, 대서양 자오면 순환이 점차 둔화할 가능성은 매우 크지만 금세기 말 이전에 갑자기 멈추리라는 예측에 대한 신뢰도는 '중간 정도'라고 했습니다. 이는 멈추지 않을 것이라는 말이나 최신 연구 결과와는 거리가 멉니다. 저는 앞으로 80년 안에 멈출 수도 있다고 봅니다.

하지만 여전히 큰 의문이 남아 있습니다. 우선 얼마나 빨리 멈추느냐 그리고 그 결과 어떻게 될까입니다. 이 두 질문에 대한 대답은 1만 3,000년 전 지구가 마지막 빙기에서 벗어나며 단기간의 혹한을 겪은 영거 드라이아스기

Younger Dryas로 거슬러 올라가면 찾을 수 있습니다. 이런 일시적인 맹추위는 북미의 거대한 빙하호가 북극해로 흘러 들어가면서 일어난 것으로 추정됩니다. 수조 톤의 얼음물이 방출되며 북대서양 대류의 열 공급원이 차단되고 지역 기후가 뒤바뀌면서 해류 순환이 거의 멈췄습니다.

짧게는 몇 달 사이에 유럽과 북미 일부 지역의 기온이 북극에 가깝게 떨어졌고, 그 여파는 지구 곳곳으로 퍼져 나갔습니다. 이는 영화 〈투모로우〉에서 인류 문명을 무릎 꿇게 만든 급속한 동결과 견줄 수 있는 상황으로, 과학보다는 공상과학소설의 냄새가 더 많이 나지만 지구 역사에서 유일무이하지는 않았습니다. 8,200년 전 8.2ka 이벤트에서 더 큰 규모의 빙하호가 다시 흘러들어 해류 순환을 막고 지구 온도를 떨어뜨렸습니다. 이때는 지구가 영거 드라이아스기보다 따뜻했기에 타격이 그리 크지는 않았지만, 그래도 400년 동안이나 북대서양 지역의 냉각과 함께 그 여파가 전 세계로 퍼졌습니다. 그중 하나는 아프리카, 중동, 아시아 일부 지역에서 몇 세기 동안 이어진 가뭄으로, 고대 메소포타미아인들이 세계 최초의 도시를 세울 수 있었던 원인으로 추정된다고 앞에서 언급했습니다.

하지만 미래는 어떻게 될까요? 대서양 자오면 순환이 다시 멈추면 어떤 일이 벌어질까요? 기대대로 지구 가열화가 전반적으로 지연될 수 있지만 이 사소한 장점은 여러 끔찍한 파급 효과로 상쇄될 것입니다. 북대서양 지역 전체가 급속하게 냉각되어 유럽과 북미 동부의 농작물 수확량이 줄어들고, 유럽에서 강력한 겨울 폭풍이 늘어나며, 북미 동부 해안의 해수면이 최대 0.5미터 급상승할 것입니다. 더 넓게 보면 아마존 열대우림이 건조해지며 전 세계 기상 패턴에 심각한 영향을 미칩니다. 농작물에 물을 공급하는 열대 계절풍이 교란되어 수십억 인구가 식량난을 겪게 됩니다.

전반적으로 상당히 암울한 전망입니다. 대서양 자오면 순환이 멈추면 우리가 지구 가열화를 막을 수 있다고 하더라도 상당 기간, 어쩌면 몇 세기 동안 이 상태가 이어질 수 있습니다.

탄소 흡수원에서 배출원으로

대서양 자오면 순환이 계속 제 기능을 하더라도 다른 잠재적인 악재들이 도사리고 있으며 그중 가장 심각한 것은 우리가 배출하는 탄소의 대부분을 빨아들이는 '탄소 흡수원'이 작동을 멈추는 것입니다. 다행히 지금까지는 인간 활동으로 생긴 탄소의 대부분이 대기 중에 남지 않고 토양, 초목, 해양에 흡수되었습니다. 문제는 지구 가열화가 계속되면서 이런 탄소 흡수원의 효율이 떨어지고 심지어 탄소 배출원 또는 공급원으로 탈바꿈할 수 있다는 것입니다. 이런 전환은 이미 본격적으로 시작된 양의 되먹임 고리의 한 예입니다.

토양은 집약적인 농업과 살충제와 제초제 사용으로 계속해서 심각한 타격을 받고 있으며 전 세계 많은 지역에서 화학비료를 정기적으로 쓰지 않으면 사실상 불모지가 되고 있습니다. 그런데 전 세계 토양과 식물이 탄소 배출량의 3분의 1을 흡수한다는 사실을 알고도 우리는 여전히 토양을 착취하고 있습니다. 토양은 대기보다 2배나 많은 탄소를 저장합니다. 토양에 있는 탄소마저 대기에 방출된다면 우리는 어떻게 될까요? 그리고 토양은 식물보다 3배 많은 유기 탄소를 함유하며, 훨씬 더 오랫동안 탄소를 머금고 있습니다. 식물은 죽으면 탄소를 잃고 빠르게 분해되지만 토양은 몇 세기 동안 탄소를 간직할 수 있습니다.

그동안 지구가 더워지면 토양이 더 많은 탄소를 흡수할 것이라고 여겼으나, 새로운 연구에 따르면 이 가정은 완전히 틀린 것으로 밝혀졌습니다. 토양과 식물을 현재보다 50퍼센트 높은 대기 중 이산화탄소 농도에 노출한 결과 숲의 성장은 5분의 1 이상 빨라졌지만 토양의 탄소 흡수량은 늘어나지 않았습니다. 식물의 빠른 성장은 오히려 뿌리에 사는 미생물이 토양에서 더 많은 영양분을 앗아가 실제로 이산화탄소를 대기 중에 더 많이 방출하는 결과를 낳았습니다. 최근의 한 연구에 따르면 기온이 올라 토양의 미생물 활동이 증가하면 금세기 중반까지 최소 550억 톤의 탄소가 배출될 수 있으며 이는 같은 기간에 미국의 예상 배출량과 비슷한 수준이라고 합니다.

식물들도 지구 가열화로 탄소 흡수원에서 탄소 배출원으로 전환되고 있습니다. 예를 들어 수마트라 열대우림, 요세미티 국립공원, 호주 블루마운틴 같은 유네스코 세계 자연 유산으로 지정된 산림지 열 군데가 지난 20년 동안 흡수한 양보다 더 많은 탄소를 배출했습니다. 두 가지 주요 원인은 불법 벌목과 잦은 산불입니다.

2021년 기후 전선에서 날아든 가장 걱정스러운 소식은 아마존에서도 같은 일이 벌어지고 있다는 것이었습니다. 지구상에서 가장 큰 열대우림인 아마존은 이제껏 인류의 무분별한 활동으로 생긴 탄소의 상당량을 흡수해 왔지만 이제 더는 그렇지 않습니다. 아마존의 숲은 2010년부터 2018년까지 매년 약 5억 톤의 이산화탄소를 흡수했지만 동시에 점점 더 심각한 화재가 일어나고 산림을 대규모로 벌채하면서 그보다 3배나 많은 이산화탄소를 배출했습니다. 이제 아마존 열대우림은 세계에서 가장 중요한 탄소 흡수원이 아니라 매년 10억 톤의 이산화탄소를 대기에 내보내는 탄소 배출원이 되었습니다. 더 덥고 건조해진 날씨로 산불이 더 많이 일어나고 불법 벌목이 끝날 기미가 보이지 않는 상황에서 이 굴레는 필연적으로 악화할 수밖에 없습니다.

2021년에 한 주요 보고서는 아마존이 티핑 포인트에 위태롭게 다가서고 있다고 경고했습니다. 이 보고서의 저자는 아마존의 3분의 1이 이미 파괴되어 계속 건조해지고 있으며 이는 지구에 매우 중대한 문제라고 강조했습니다. 전 세계 열대우림의 3분의 2가 이미 파괴되었다는 사실을 고려할 때, 아마존의 손실은 우리 기후의 관에 마지막 못을 박을 수 있습니다.

지구 가열화를 멈추지 않는 한 식물계 전체가 궁극적으로 탄소 흡수원에서 탄소 배출원으로 전환될 것입니다. 기온이 오르면 식물이 이산화탄소와 물을 이용해 양분을 만드는 과정인 광합성 작용은 줄어들면서 이산화탄소를 대기로 방출하는 수단인 호흡은 가속하기 때문입니다. 최근 연구에 따르면 육상식물의 탄소 흡수 효과가 20~30년 안에 절반으로 줄 거라고 하는데, 이는 정말 끔찍한 소식입니다.

육지에 대해서는 그쯤하고, 바다 역시 인간 활동으로 배출된 탄소의 약 3분의 1을 빨아들이는 중요한 흡수원이었습니다. 그 결과 해양의 상층부가 점점 더 산성화되어 산호초와 해양 생물을 위협하고 있습니다. 문제는 지구 온도가 오르면서 이산화탄소가 더 깊은 물과 잘 섞이지 못하고 표층에만 머물러 있다는 점입니다. 따라서 언젠가는 더 이상 탄소를 흡수하지 못하고 대기 중에 더 많은 양이 쌓일 것입니다.

이렇게 되면 금세기 말까지 지구 평균기온이 산업화 이전보다 4.5도, 어쩌면 그보다 더 높아질 수 있습니다. 바닷물이 고루 섞이지 않으면 표층이 더욱 달아올라 더 강력하고 파괴적인 열대성저기압이 생기고 전 세계 수산업에 재앙적인 영향을 미칠 것입니다.

이 모든 상황의 근본적인 요점은 지금 당장 탄소 배출량을 대폭 줄이지 않으면 앞으로 몇 년 안에 흡수-배출 티핑 포인트를 넘겨 사회 붕괴의 길로 나아갈 수 있다는 것입니다. 2050년 탄소 중립 목표가 거창하게 들리더라도 그때가 되면 이미 늦을 겁니다.

메탄 폭탄

주요 천연 탄소 공급원이 북극의 얼어붙은 폐수 아래 간혀 있는데, 이곳에서 하루아침에 지구 가열화를 수십 년 앞당기고 세계경제를 파탄 낼 기후 '폭탄'이 터지려 하고 있습니다. 사실일까요? 북극의 영구 동토층이 녹아서 메탄 '폭탄' 또는 '트림'이 일어날 가능성은 기후 붕괴의 가장 중대한 미지수 가운데 하나입니다.

앞서 말했듯이 메탄은 지구온난화 지수가 이산화탄소의 86배나 되는 온실가스지만 다행히 대기 중에 머무는 시간이 훨씬 짧습니다. 그런데도 100년 기간으로 볼 때 이산화탄소보다 34배나 많습니다. 이는 메탄 1톤이 이산화탄소 34톤만큼 지구를 가열하는 데 효과적이라는 의미입니다.

메탄의 대기 중 농도는 이산화탄소보다 훨씬 적기에 ppb(10억 분의 1) 단위로 측정합니다. 하지만 메탄의 위력을 고려하면 대기 중 농도가 증가하는 추세를 주목해야 합니다. 산업화 이전에는 600~900ppb였는데 1900년쯤부터 대규모 산업화와 농업 강화로 거의 1,900ppb까지 급상승했으며 지금도 해마다 증가하고 있습니다. 대기 중 메탄 농도가 약 1,250ppb 이상이면 지구 가열화에 한몫하므로 상황을 더 악화하지 않으려면 메탄 농도를 낮춰야 합니다.

전 세계 메탄 배출량은 연간 총 5억 7,000만 톤으로 추정합니다. 이 중 약 40퍼센트는 습지, 해양 퇴적물 그리고 믿기 어렵겠지만 메탄 방귀를 뀌는 흰개미 같은 자연적인 원인으로 생깁니다. 나머지 60퍼센트는 인간 활동, 특히 농업과 화석연료 개발에서 생기며, 이런 배출량을 COP26에서 '약속'한 대로 줄이면 지구 가열화를 막는 데 큰 도움이 됩니다. 문제는 해양 퇴적물과 북극 영구 동토층 아래 고체 형태로 갇혀 있는 막대한 메탄(클라스레이트)이 지구 기온이 계속 올라가면 표면으로 터져 나올 수 있다는 점입니다.

한 추산에 따르면 북극 해저 영구 동토층 밑에 메탄과 메탄 화합물의 형태로 탄소 1.4조 톤이 갇혀 있다고 합니다. 대표적인 곳은 동시베리아 대륙붕으로, 탈릭talik이라는 얼지 않은 땅을 통해 메탄이 얼어붙은 해저를 뚫고 올라오는 현상이 관찰되고 있습니다. 10년 전쯤 한 쌍의 논문이 이 문제를 집중 조명하면서 우려를 제기했습니다. 첫 번째 논문은 동시베리아 대륙붕에서 500억 톤에 이르는 메탄이 언제든 갑자기 방출될 수 있으며, 그로써 대기 중 메탄 농도가 12배 증가할 수 있다고 주장했습니다. 두 번째 논문은 같은 규모의 단발적 메탄 '트림'이 지구 가열화를 30년 앞당기고 세계경제에 60조 달러(미국 국가 부채의 4배에 가까운 수치)의 손실을 줄 수 있다고 제시했습니다.

하지만 이 악몽 같은 시나리오가 얼마나 현실적일까요? 메탄 폭탄 관련 논란은 계속되고 있으며 최근 몇 년간 발표된 연구들은 다양한 이유로 메탄 폭탄의 위협을 낮게 평가하는 경향이 있습니다. 기온이 지금보다 조금 높았던 이전 간빙기, 그러니까 에미안기Eemian에 그런 폭발이 있었다는 증거가 발견되지 않았다는 것이 주된 이유입니다. 하지만 증거가 없다고 해서 실제로 없었다는 것은 아니며 일부 연구자들은 단발적인 메탄 트림은 지질 기록에 남지 않을 수도 있다고 지적합니다.

메탄 폭발이 임박하지 않았다고 보는 다른 이유도 있습니다. 툰드라와 바다 밑 영구 동토층이 녹으면서 메탄이 많이 누출되고 있는 것은 사실입니다. 북극 전역에서 메탄 수치가 매우 높은 것으로 측정되었고 바다가 가스 때문에 '끓는' 현상까지 보고되었습니다. 하지만 최근에 모니터링한 결과 누출된 메탄은 대부분 시베리아의 가스전과 기타 화석연료 사업체에서 나온 것으로 밝혀졌습니다.

엄청난 메탄 폭발의 위협은 여전히 도사리고 있으며 우리가 지구를 계속 달구는 한 메탄은 계속 늘어날 것입니다. 하지만 인간 활동으로 생기는 메탄 배출량을 본격적으로 줄인다면 대기 중 온실가스 농도와 지구 가열화 속도를 둘 다 낮출 수 있다는 것이 일반론입니다. 어쨌거나 메탄가스가 자연적으로 폭발할 위험을 어느 정도 줄일 수 있습니다.

COP26의 몇 안 되는 긍정적인 결과 가운데 하나는 인간 활동으로 생기는 메탄 배출량을 2020년보다 30퍼센트 줄이기로 합의한 것입니다. 화석연료 산업에서 생기는 가스 누출을 감독하겠다는 글로벌 메탄 서약Global Methane Pledge에 11개국이 조인했습니다. 이 계획이 성공한다면 지구 가열화 속도에 상당한 영향을 미칠 수 있습니다. 만약 좀 더 힘을 실어 2030년까지 메탄 배출량을 절반으로 줄일 수 있다면 지구 평균기온 상승치를 단 15년 안에 0.3도까지 줄일 수 있으며 이는 대단한 성과가 될 것입니다.

문제는 지구 가열화 '협약'이 늘 그렇듯이 당사국들이 단순히 메탄 배출량을 줄이겠다고 맹세하는 데 그쳤다는 것입니다. 국제법상 이를 이행해야 할 의무도 없고, 이행하지 않아도 제재가 없으며 효과적인 모니터링도 마련되어 있지 않습니다. 게다가 러시아, 중국, 인도 같은 세계 최대 메탄 배출국들은 조인하지도 않았습니다. 그렇기는 해도, 처음으로 주요 온실가스의 배출량을 크고 빠르게 줄여 지구 가열화를 늦추고 메탄 폭탄을 막을 수 있다는 희망이 생겼습니다.

지각 변동

땅속에 도사리는 위협은 메탄만이 아닙니다. 기후변화로 지반이 흔들리고 화산이 폭발하며 쓰나미가 해안선을 덮칠 수 있다고 말한다면 허풍처럼 들리겠지만, 사실입니다.

2만 년 전, 지구는 빙실이었습니다. 기온은 6도나 낮았고 해수면은 130미터나 낮았으며 몇 킬로미터 두께의 빙상이 유럽과 북미 대부분을 덮고 있었습니다. 그 뒤 1만 5,000년 동안 지구는 놀랍도록 온화해져서 인류 문명이 발전하고 번성할 수 있었습니다.

지구 역사상 가장 역동적인 시기 가운데 하나는 급격하게 기온이 오르면서 거대한 빙상이 여름날의 버터처럼 녹아내려 해수면이 현재 수준까지 빠르게 올라갔던 시기입니다. 고위도에서 엄청난 무게의 얼음이 사라지며 최대 1미터까지 꺼졌던 지각이 다시 튀어 올라와 북유럽에서 대규모 지진이 일어나고 아이슬란드에서 전례 없는 화산 폭발이 일어났습니다. 빙하기 이후 스칸디나비아 지역이 급격하게 융기해 노르웨이 해안에서 거대한 해저 산사태가 일어났고, 쓰나미가 영국 동부 해안을 덮쳤습니다. 그리고 해수면 상승으로 지각에 엄청난 하중이 가해져서 전 세계 연안에 지진과 화산 활동이 일어났습니다.

이 빙하기 이후의 지질학적 대혼란은 여러 면에서 지구 가열화의 결과를 예상할 수 있습니다. 그린란드와 남극 빙상이 점점 더 빠르게 녹고 해수면이 빠르게 오르면서 거대한 얼음과 물의 이동으로 지각은 다시 한번 압박을 받고 있습니다. 지구 가열화의 영향으로 잠자던 거인이 깨어나고 있다는 적신호가 이미 감지되며, 남부 알래스카는 탄광 속 카나리아처럼 다가올 위험을 미리 알려주고 있습니다. 지난 100년 동안 1킬로미터 높이의 얼음이 사라진 이곳에서는 이미 엄청난 하중이 더 잦은 지진 활동으로 드러나고 있습니다.

지구의 단단한 부분인 '지권'이 지구 가열화에 어떻게 반응하는지 이해하려면 사소한 환경 변화도 중대한 결과를 초래할 수 있다는 점을 인식해야 합니다. 지진이나 화산 폭발이 충분히 일어날 수 있는 상태에서는 아주 작은 변화가 재앙을 일으킬 수 있습니다. 제 동료 지진학자가 즐겨 말하듯이 그런 상태의 지진 단층은 악수하는 힘만으로도 파열될 수 있을 만큼 매우 민감한 상태입니다. 활화산도 마찬가지로 민감하기에 폭우처럼 사소해 보이는 현상으로도 분화할 수 있습니다.

산악 지형에서는 점점 심해지는 폭염으로 빙하가 빠르게 줄어들고, 산을 지탱하는 영구 동토층이 녹아내리고 있습니다. 그 결과 유럽 알프스, 캅카스, 뉴질랜드의 남알프스, 알래스카에서 대규모 눈사태가 빈번하게 일어나고 있습니다. 이런 상황은 앞으로 스키 리조트와 고지대 마을에 점점 더 큰 위협이 될 것입니다. 히말라야에서는 빙하 밑 단층에서 지진이 일어나면 빙하호들이 터질 수 있습니다. 이미 따뜻해진 기온으로 빙하가 더 빨리 녹으면서 빙하호 수십 곳의 물이 불어나 아래쪽 마을들이 점점 더 위험해지고 있습니다.

전 세계 대도시가 대부분 해안 지역에 있는데, 판 경계와 겹치는 경우가 많아서 활화산과 지진 단층이 상당수 분포해 있습니다. 해수면이 점점 더 높아져 지각에 하중이 가해지면 이런 단층이 폭발할 가능성이 있습니다. 해수면 상승이 어떻게 화산 폭발로 이어지는지 이해하기 어렵다면 알래스카의 파블로프 화산을 완벽한 예로 들 수 있습니다. 해안 화산인 파블로프 화산은 가을과 겨울에 더 자주 폭발하는데, 이 시기에 이 지역 해수면이 올라가기 때문입니다. 해수면 상승은 일시적이며 15센티미터 정도밖에 안 되지만, 그만큼의 물이 화산에 흘러들면 그 아래 지각이 구부러져 틈새에서 마그마가 치약처럼 흘러나

오게 됩니다. 이와 비슷하게 해안선과 평행한 지진 단층 (캘리포니아의 산 안드레아스 단층이 대표적인 예) 한쪽에 하중을 가하면 단층 전체의 장력이 증가해 더 쉽게 파열될 수 있습니다.

기후 붕괴에 지권이 가장 위험하게 반응할 곳은 의심할 여지 없이 그린란드입니다. 마지막 빙하기의 스칸디나비아와 마찬가지로 그린란드도 빙상의 무게가 어마어마해서 비록 최대 해발 고도가 3킬로미터가 넘지만 그 아래 지각은 해수면 아래로 내려앉습니다. 하지만 급격한 해빙으로 지각이 이미 반동하고 있으며 GPS 측정 결과 북대서양 지역의 많은 부분이 융기한 것으로 나타났습니다. 해빙이 계속되면 하중이 줄어서 언젠가는 얼음 밑의 단층이 파열될 것입니다. 단층이 파열되면 수천 년 동안 축적된 억눌린 에너지가 한순간에 방출되어 규모 8을 넘는 거대한 지진이 일어날 것입니다. 8,000년 전 노르웨이 해안에서처럼 어마어마한 해저 퇴적물이 붕괴해 북대서양 유역 전체에 파괴적인 쓰나미를 일으킬 수 있습니다. 놀랍게도 이 분야의 연구자들은 그린란드 해저에서 수십 년 안에 지진 활동이 현저히 증가할 것이라고 보고했습니다.

지구 가열화로 생기는 지권의 잠재적인 반응은 아직 대중, 심지어 기후학자들의 의식 언저리에 머물러 있습니다. 하지만 우리가 우리 자녀와 그 자녀에게 더 뜨거운 세상뿐 아니라 지질학적으로 더 파탄 난 세상을 물려주리라는 점은 이미 분명해지고 있습니다.

8

기후 전쟁

오늘날의 기후 분쟁

아프리카의 사헬지역은 북쪽의 사하라사막과 남쪽의 열대 목초지를 구분하는 폭 1,000킬로미터의 반건조 지대로 대서양에서 홍해까지 약 5,500킬로미터에 걸쳐 펼쳐져 있습니다. 전통적으로 비를 따라 이동하는 반유목 농업인과 목축업자들의 고향이었던 사헬은 이제 기후 분쟁의 최전선에 있습니다.

지구 가열화와 기후 붕괴가 분쟁에 영향을 미치는 방식은 두 가지입니다. 갈등 행위의 규모나 심각성을 키우거나 대규모 이주, 물 부족 같은 새로운 갈등의 원인이 되는 것입니다. 분쟁은 국가 사이, 국가 안의 파벌 사이, 서로 이해관계가 다른 업종 사이(예: 현재 사헬에서 토지와 물을 놓고 다투는 농업과 목축업)에서 일어날 수 있습니다. 이로 인한 사회 불안으로 내전과 난민이 생겨나 다른 지역과 국가로 확산될 수 있습니다.

사헬지역은 사하라사막과 가까우며 가뭄이 익숙한 곳입니다. 그런데 기온이 전 세계 평균보다 빠르게 오르고 강우량이 줄면서 가뭄이 점점 더 심각해지고 있습니다. 2010년과 2012년에는 극심한 가뭄을 겪었고 다른 시기에는 집중호우로 홍수 피해가 생기기도 했습니다. 과도한 방목과 개간으로 환경은 더욱 파괴되었습니다. 사헬지역에 걸친 말리, 니제르, 차드, 모리타니, 부르키나파소 같은 나라에서는 목초지 손실과 흉작으로 기아와 빈곤율이 증가하고 내전이 잦아 사람들이 강제 이주에 내몰리고 있습니다.

생계 수단을 잃은 수많은 취약 계층이 지역 곳곳에 진을 치고 있는 이슬람 테러 단체의 착취와 학대에 점점 더 많이 노출되고 있습니다. 사헬 전역에서는 해마다 수천 명이 폭력 사태로 사망하고 있는데, 이 모든 일들이 폭력 사태를 부추기고 있습니다. 약 300만 명의 난민과 급성 영양실조에 걸린 100만 명의 어린이를 포함해 1,300만 명 이상에게 인도적인 지원이 절실한 상황입니다.

사헬은 끝없는 폭력, 대규모 이주, 광범위한 기근의 굴레에 갇혀 있습니다. 기후 붕괴가 심해질수록 문제가 더 많은 국가로 확대될 것입니다. 금세기 말까지 이 지역 강우량이 4분의 1로 줄어서 말리에서만 농업 생산량이 30~40퍼센트 줄어들 수 있습니다. 식량과 물이 부족하고 폭력에 시달리며 끝없이 나빠지기만 하는 사헬지역이 그 굴레에서 벗어날 수 있는 가능성은 멀기만 합니다. 부르키나파소에서는 2020년에 인구의 5퍼센트인 약 100만 명이 고향을 떠나야 했으며 이는 역사적인 대이동의 시작에 불과할 가능성이 큽니다.

다른 많은 지역에서도 기후 붕괴와 분쟁의 여파로 몸살을 앓고 있습니다. 오랜 기간 폭력이 만연한 국가는 이상기후에 대응할 능력도, 여유도 없어 훨씬 더 고전하기 마련입니다. 분쟁 지역에서는 정상 기후에서 농사를 짓기도 벅찹니다. 분쟁은 공동체의 복원력을 떨어뜨려 기상이변에 대한 계획이나 대처를 불가능하게 만듭니다.

예를 들어 7년째 내전이 계속되는 예멘에서는 국민 3분의 2에 해당하는 2,000만 명이 기아에 시달리고 있습니다. 에티오피아와 소말리아에서는 끝이 보이지 않는 가뭄과 홍수와 폭력으로 이미 취약한 생계 수단이 손상되거나 파괴되었으며 2019년에만 무려 200만 명 이상의 난민이 생겼습니다. 이라크 남부에서는 전쟁의 장기적인 여파와 기후 악화로 습지가 건조해지고 2,000만 그루의 야자수가 사라지는 등 광범위한 사막화가 진행 중입니다. 이라크에서는 농경지가 줄어들수록 테러 단체가 불어납니다.

아프가니스탄은 점점 심해지는 가뭄 탓에 아몬드나 밀처럼 물이 많이 필요한 작물보다 아편의 원료인 양귀비 재배에 더 집중하고 있습니다. 생업을 잃고 고향을 떠난 젊은이들은 무장 단체와 민병대에 더 쉽게 포섭됩니다.

기후 붕괴는 지금까지 비교적 평화로웠던 곳에서도 불만의 싹과 폭력의 불씨를 키우고 있습니다. 지구 가열화로 생긴 극심한 가뭄이 시리아 내전을 촉발했으리라는 주장도 제기되었습니다. 아사드 정권에 대한 불만이 주원인임은 틀림없지만 거의 1,000년 만에 생긴 최악의 가뭄이 방아쇠를 당겼을 수도 있습니다. 2006년부터 시작된 가뭄은 전투가 본격화된 2011년까지 이어졌습니다. 이 기간에 시리아의 농업은 초토화되었습니다. 농장의 4분의 3이 파산했고 일부 지역에서는 가축의 85퍼센트가 폐사했으며 이로 인해 150만 인구가 농촌에서 주요 도심, 특히 다마스쿠스와 홈스로 이동했습니다. 이미 이라크 전쟁으로 비슷한 수의 난민이 정착한 지역이었습니다. 생활 수준이 급격히 떨어지고 생필품조차 구하기 어려워지자 스트레스가 극에 달했습니다. 정부를 상대로 난민들이 불만을 공개적으로, 한꺼번에 드러낼 수 있는 장이 마련된 것입니다.

미래의 발화점

비록 환멸과 반발에 부채질만 했다 할지라도 기후 붕괴가 한 국가에 얼마나 치명타를 줄 수 있는지 시리아 사태는 잘 보여 줍니다. 10년이 지난 지금도 내전은 계속되고 있으며 50만 명 이상이 목숨을 잃었고 1,200만 명이 국내 난민이 되거나 국외로 내몰렸습니다. 하지만 더 끔찍한 사실은 이 모든 것이 앞으로 더 뜨거운 세계에서 벌어질 토지, 자원, 인간다운 삶을 누릴 권리를 둘러싼 전투에 비하면 사소한 수준일지도 모른다는 것입니다.

사실 지구상에서 분쟁의 씨앗이 없는 곳은 없습니다. 한 지역에서 싹튼 갈등과 싸움은 종종 국경을 초월하여 전 세계 사회와 경제에 여파를 미치곤 합니다. 한 추정에 따르면 지구 온도가 1도 오를 때마다 사회 불안과 내전에서 전면전에 이르기까지 분쟁의 위험이 14퍼센트씩 증가한다고 합니다. 정확한 수치가 특별히 의미 있거나 유용하지는 않지만 꽤 수긍이 가는 수치입니다.

기후 갈등이 꼭 비옥한 땅이나 물을 차지하기 위해 벌어지는 건 아닙니다. 다른 요인도 있습니다. 예를 들어 러시아와 중동의 산유국 같은 주요 화석연료 수출국들은 세계경제가 재생에너지 기반으로 전환되는 과정에서 석유와 가스 수요가 줄어들어 경제에 심각한 타격을 받을 수 있습니다. 경제 악화가 사회 불안으로 이어지기까지는 그리 오래 걸리지 않습니다. 현재 20여 개국이 수출입의 50퍼센트 이상을 화석연료에 의존하고 있으며 차드, 알제리, 이라크, 나이지리아처럼 경제 회복력이 낮은 국가는 화석연료 거품이 꺼지면 경제가 완전히 무너질 수 있습니다.

그런가 하면 친환경 재생에너지 자원을 확보하려는 경쟁이 국가 사이의 갈등이나 내분을 조장할 가능성도 있습니다. 전기 자동차 배터리를 만드는 데 필요한 리튬, 코발트, 망간, 흑연은 풍력 터빈에 필요한 희토류 원소, 태양광 패널에 쓰이는 폴리실리콘과 함께 특히 수요가 많을 것입니다.

북극에서 얼음이 빠르게 녹고 새로운 항로가 열리면서 북극의 천연자원에 탐욕스러운 시선이 집중되고 있습니다. 막대한 채굴 비용과 탄소를 줄이겠다는 공약 때문에 감히 건드릴 수 없는 해양 석유와 가스 말고도 1조 달러 상당의 광물, 귀금속, 육상 석유와 가스 매장량을 여러 나라에서 눈독 들이고 있습니다. 앞으로 수십 년 동안 이 지역에서 상업적, 군사적 입지가 급증해 여러 국가가 경쟁과 분쟁에 휘말릴 것으로 예상됩니다. 따라서 러시아, 미국, 캐나다, 노르웨이, 스웨덴 등 북극권 8개국이 중국, 인도, 일본 등 미래의 전리품을 나눠 갖고자 하는 국가들에게 접근 금지 경고를 보내는 것도 당연합니다.

미국 국가정보위원회는 2021년 평가에서 11개 국가와 2개 지역을 기후 분쟁이 일어날 가능성이 큰 곳으로 지목했습니다. 당연히 모든 국가가 개발도상국이며 그중 절반이 파키스탄, 인도, 아프가니스탄을 비롯해 아시아에 있습니다.

전 세계에서 기후 붕괴에 가장 많이 노출된 두 지역은 중앙아프리카와 태평양의 작은 섬나라들입니다. 전자의 장래는 앞서 들여다본 대로 심각하고 후자의 장래도 암울합니다. 태평양의 저지대 섬들은 경제 쇠퇴는 물론이고 영구적으로 대피해야 하는 현실에 직면해 있습니다. 또 다른 분쟁 지역은 중앙아메리카입니다. 많은 사람이 극심한 빈곤, 기상이변, 갱단 싸움이 뒤섞인 고향을 떠나 북쪽으로 향하면서 멕시코와 미국 국경을 따라 긴장이 고조되는 상황입니다.

가볍게 말하긴 어렵지만, 우리 자녀와 손주들의 세상은 훨씬 더 위험해질 것입니다. 살 만한 땅과 자원이 줄어들면서 각국은 자기 몫과 권리를 얻거나 보호하려고 서로 등을 돌릴 것입니다. 사회경제가 뿌리째 흔들리고 대대적인 이주가 보편화하면서 포퓰리스트들이 득세할 가능성이 큽니다. 안정적이고 합리적인 정부의 필요성이 그 어느 때보다 중요한 시기에 많은 국가가 담론과 협력이 아닌 허세와 막말이 난무하는 무자격 지도자에 의해 주도될 수 있습니다. 이는 전쟁으로 가는 지름길입니다. 현재 힌두쿠시 히말라야 지역의 거대한 물줄기에 의존하는 남아시아와 동남아시아 국가들이 그 선봉에 있습니다.

히말라야 빙하에서 발원하는 큰 강들이 마르면

돈도, 화석연료도 집어치우고 지구상에서 가장 가치 있는 필수 자산은 바로 물입니다. 물 없이는 사회도 경제도 존립할 수 없습니다. 인간은 물론 어떤 생명체도 지구상에 존재하지 않을 것입니다. 물론 더 더운 세상에서는 극심한 폭우가 흔해지고 바다가 육지를 잠식합니다. 하지만 동시에 가뭄과 사막이 늘어나며 무엇보다도 강이 말라서 사라집니다.

앞서 저는 금세기 후반에 특히 아시아 전역에 걸쳐 끔

찍한 폭염이 닥칠 수 있다고 말했습니다. 지금 당장 전 세계 온실가스 배출량을 대폭 줄이지 않으면 인도 인구의 4분의 3이 '극히 위험한' 수준의 무더위에 노출되고 중국 북부 평원 주민 4억 명이 열사병에 걸릴 수 있습니다. 상당히 암울한 예측이지만 여기서 끝이 아닙니다.

인도, 중국, 베트남, 방글라데시, 파키스탄 같은 아시아 국가는 모두 인구가 많은 국가입니다. 인도와 중국의 경우 14억 명에 육박합니다. 이렇게 많은 사람을 먹여 살리려면 집약적 농업이 필요하며 이는 수자원에 크게 의존합니다. 한동안 이상기후로 계절풍이 불규칙해지리라는 우려가 제기되었지만 물 안보가 더 시급한 문제입니다. 앞으로 비가 얼마나 내리든 인도와 중국을 비롯해 인구가 많은 아시아 국가를 기아에서 보호하는 건 약 3,500킬로미터에 이르는 힌두쿠시 히말라야 지역의 거대한 빙하와 빙원에 달렸습니다.

인더스강, 갠지스강, 메콩강, 양쯔강, 황허강 같은 아시아의 큰 강은 모두 힌두쿠시 히말라야 지역의 빙하에서 흘러나오는 물입니다. 이 강들은 이 지역의 20억 인구를 먹여 살리는 농작물에 물을 공급합니다. 빙하가 사라지면 서쪽의 아프가니스탄과 파키스탄부터 동쪽의 미얀마, 베트남, 중국에 이르기까지 농업 전체가 위기에 처하리라는 사실은 굳이 상상력을 발휘하지 않아도 알 수 있습니다.

1970년대 이후 힌두쿠시 히말라야 지역의 빙하가 15퍼센트 사라지면서 물의 흐름이 불규칙해지는 문제가 이미 드러나고 있지만, 아직 시작에 불과합니다. 최근 한 중요한 보고서에 따르면 현재의 온실가스 배출 속도라면 금세기 말까지 빙하의 3분의 2가 사라질 만큼 심각한 상태라고 합니다. 배출량을 기적처럼 빠르게 줄인다고 해도 2100년까지 빙하의 3분의 1은 사라질 것입니다. 앞으로 약 30년 동안 융해수가 점점 더 많이 흘러내리면서 낮은 고도에서 격렬한 홍수가 더 자주 일어나고, 인구 밀집 지역도 고지대 빙하호의 붕괴나 범람으로 위태로워질 것입니다.

하지만 빙하가 사라지면서 강의 흐름이 본격적으로 줄어드는 2060년대 이후부터 진짜 문제가 시작됩니다. 농업용수만 줄어들 뿐만 아니라 수력발전 댐이 더는 작동하지 않아 지역 전체의 전력이 끊기게 될 것입니다. 수십억 인구가 배를 곯는 동시에 생활에 꼭 필요한 전력을 공급받지 못하는 이중고를 겪는다는 것은 상상만 해도 끔찍합니다. 경제적, 사회적 스트레스가 심각한 분쟁으로 이어지리라는 예상도 마찬가지입니다.

빙하가 사라져서 큰 타격을 받을 아시아 국가들 사이

에서는 이미 수자원 확보 경쟁이 분쟁의 불씨를 키우고 있습니다. 인도가 1975년 갠지스강에 세운 둑은 오랫동안 방글라데시 하류에 가뭄과 홍수 문제를 일으켰으며 염도 상승과 수질 악화의 원인이라는 비난이 점점 거세지고 있습니다. 또한 인도는 브라마푸트라강, 갠지스강과 기타 물줄기의 최대 3분의 1을 가뭄에 취약한 남부 지역으로 돌리려는 대규모 수자원 관리 프로젝트를 추진하고 있는데, 방글라데시로서는 역시 달갑지 않은 상황입니다.

인도의 빗물 저장 기간은 30일밖에 안 되며(선진국 대부분은 900일) 지하수 매장량이 급격히 줄어드는 상황에서 인도가 강물 공급을 극대화하려고 애쓰는 것은 당연합니다. 이와 마찬가지로 중국이 브라마푸트라강 상류에 세 개의 댐을 건설하겠다고 나서자 인도 정부는 강물 양이 불규칙해질 거라며 격분하고 있습니다.

그리고 인도는 서쪽 국경에서 인더스강과 여러 강을 놓고 파키스탄과 심각한 분쟁을 벌이고 있습니다. 심각한 물 부족 국가로 손꼽히는 파키스탄에서는 인더스강이 주요 수자원입니다. 그리고 인더스강 유역은 국가 식량의 90퍼센트를 공급하고 고용률의 65퍼센트를 차지하는 농업의 기반입니다. 인도와 반세기 넘게 물 조약을 맺어 왔으나 인도는 이제 더 많은 몫을 요구하고 있습니다. 두 나라 모두 댐 건설 계획이 있지만 서로 반대하면서 카슈미르에서 총격전까지 벌어지는 상황입니다. 게다가 인도는 인더스강과 여러 강에서 파키스탄의 물 수급을 차단하겠다고 위협했습니다.

물 공급에 대한 우려가 확산하면서 갈등이 분쟁으로 빠르게 번질 수 있다는 걸 쉽게 알 수 있습니다. 동아프리카의 나일강과 중동의 요르단강도 미래의 발화점으로 지목되었지만 남아시아와 동아시아가 여전히 가장 큰 우려 지역입니다. 기후 악화의 다양한 여파에 허덕이는 지금 세계 양대 핵 강국 사이에 물 전쟁만큼은 일어나지 않아야 합니다.

대이동

2021년 11월 말의 춥고 음울한 어느 날, 프랑스 북부 해안에서 한 어선이 바다에 빠진 사람 여러 명을 발견했습니다. 영국과 프랑스 정부가 수색 작업 끝에 남성 17명, 여성 7명, 어린이 3명의 시신을 얼음물에서 건져 올렸습니다. 모두 영국 망명을 원하던 난민들로, 허술한 고무보트에 올라 거칠고 변화무쌍한 영국 해협을 향해 무작정 출발했다가 참변을 당한 것입니다.

2021년에는 전년보다 3배 증가한 약 2만 8,000명의 절망적인 사람들이 영국으로 위험한 항해를 떠났지만, 이는 전 세계 난민 인구의 극히 일부에 불과합니다. 2020년의 상황은 악화 일로를 걷는 재앙의 단면을 보여 줍니다. 전 세계 난민 수는 2,600만 명이라는 수치를 기록했으나 이 엄청난 수치도 전체 그림의 일부만 비출 뿐입니다. 노르웨이 난민위원회는 그보다 수백만 명 이상이 자국 안에서 난민이 되었다고 밝혔습니다. 2020년에는 전 세계적으로 총 5,500만 명이 터전을 떠나 생활하고 있는 것으로 추산되었고 이는 인구 143명 중 1명꼴로 이례적인 수치입니다. 분쟁과 폭력으로 생긴 난민이 4,800만 명, 홍수, 폭풍, 가뭄 등 더 이상 자연재해가 아닌 인재로 생긴 난민이 700만 명에 이릅니다.

하지만 2020년 한 해에만 새롭게 발생한 난민 수를 보면 또 다른 그림이 나타납니다. 기후 붕괴로 극심한 기상이변이 흔해지면서 두 번 이상 난민이 된 사람도 많았으며, 기후 관련 재난으로 생긴 난민 수는 3,100만 명에 가까워서 분쟁과 폭력으로 생긴 난민보다 3배 많습니다.

2010년 이후 기후 붕괴의 영향으로 영구적이거나 일시적으로 지역 또는 국경을 넘어 이동해야 했던 인구는 2억 명이 넘는 것으로 추산됩니다. 세계은행은 2050년까지 가뭄과 같은 점진적인 재해로 자국 내 난민이 될 인구가 2억 1,600만 명에 이를 것이라는 전망을 내놓은 바 있습니다. 하지만 이 수치는 유럽과 북미에서 기상이변으로 발생할 난민 수를 포함하지 않았기 때문에 현실은 훨씬 더 심각할 것입니다. 이 견해를 뒷받침하는 경제평화연구소의 보고서는 기후 붕괴로 인해 2060년까지 12억 명이 난민이 될 수 있으며 2100년에는 20억 명으로 늘어나리라 예측합니다. 실제 수치가 어떻게 나오든 어마어마한 숫자일 것임은 분명합니다.

기후 악화로 국경을 넘어 영구적으로 난민이 된 사람들의 수는 현재든 미래든 우발적으로 늘어날 것이며 '난민'이라는 개념의 의미도 다시 세워야 할 것입니다. 현재 국제법에서 난민은 다음과 같이 장황하게 정의합니다.

> 인종, 종교, 국적, 특정 사회집단의 구성원 신분 또는 정치적 견해를 이유로 박해를 받을 수 있다는 근거 있는 공포로 인해 국적국 밖에 있는 자로서 국적국의 보호를 받을 수 없거나 보호받기를 원하지 않는 자.

이 정의에는 기후에 관한 언급이 없기에 기후 붕괴로 고국을 떠나야 하는 사람을 법적으로 난민이라고 할 수 있느냐는 문제가 생깁니다. 따라서 이들을 '기후 난민'이 아닌 '기후 이주민'으로 분류해야 합니다. 그런데 이주민은 난민이 누리는 특정 권리를 보장받지 못하기에 국가가 이주민을 배제할 수 있는 구실을 제공합니다.

기후 이주민에 대한 법적 정의를 마련하면 되겠지만, 간단한 일은 아닙니다. 예를 들어 기후 이주민이 기후 붕괴의 직접적인 결과로 고국을 떠나야만 하는 사람일까요, 아니면 기후 붕괴가 부채질한 사태의 결과로 생계 수단이 파괴된 사람일까요? 시간이 걸릴 수 있지만 삶의 터전을 떠나 방황하는 사람들이 적절한 도움과 보호를 받으려면 이 문제를 반드시 해결해야 합니다.

기후 붕괴로 직접적이든 간접적이든 삶의 방식이 파괴된 사람을 우리가 뭐라고 부르든, 이주민과 토착민은 마찰을 빚기 마련이고 그로 인해 사회 불안과 내전, 심지어 전면전이 일어날 수도 있습니다. 그리고 이는 가난한 나라에만 국한된 문제가 아닙니다. 아프리카의 기후 이주민이 남유럽에 점점 더 많이 모여들고 있지만 앞으로 폭염, 광범위한 가뭄과 흉작으로 그리스, 이탈리아 남부, 스페인에서 북쪽으로 이동하는 인구가 계속 불어날 것입니다.

금세기 안에 해수면이 2미터 올라가면 플로리다주의 마이애미 데이드 카운티 인구의 3분의 1(100만 명 미만)

이 터전을 옮겨야 합니다. 영국에서도 보스턴과 스폴딩의 주민들이 새로운 집과 삶을 찾아 떠나게 될 것입니다. 영국 남부와 중부의 여름 기온이 40도가 넘으면 사람들은 단열이 부실한 집을 떠나 더 시원한 지역으로 이주할 것입니다.

전 세계 거의 어디든 기후 이주민이 대거 몰려들면 증오가 번지고 이민을 반대하는 포퓰리즘 정치인과 정권을 지지하는 목소리가 커질 것입니다. 이는 기후 붕괴의 실질적인 문제를 눈가림하고 많은 국가의 사회적인 구조를 무너뜨릴 수 있는 인류 재앙의 레시피입니다.

9

과열된 지구에서의
질병과 재해

폭염으로 인한 질병

흔히 몸이 따뜻할수록 건강하다고 하지만, 언제나 그런
건 아닙니다. 지난 20년 동안 기온으로 사망한 사람 중에
더위보다 추위로 죽은 사람이 더 많긴 했지만, 이는 빠르
게 바뀌고 있습니다. 1991년부터 2018년까지 전 세계에
서 더위와 관련된 인명 피해의 3분의 1 이상이 지구 가열
화로 생겼으며 쿠웨이트, 이란, 필리핀, 중앙아메리카 같
은 곳에서는 그 비율이 50퍼센트 이상으로 증가했습니다.
예상대로 노인이 가장 취약합니다. 65세 이상의 사망자
수는 2018년까지 20년 동안 절반 이상 증가해 30만 명에
가깝습니다.

앞으로 추위로 인한 사망률은 줄어들겠지만(제트기류의 급변으로 일부 지역에서는 혹한이 몰아치더라도), 폭염으로 인한 사망률이 크게 늘어 전체 사망률은 변함이 없을 것입니다. 앞으로 수십 년 동안 노약자와 어린이, 특히 에어컨을 쓸 수 없는 사람들은 온습도 상승으로 점점 더 큰 고통을 겪을 겁니다. 최신 연구에 따르면 배 속의 태아도 영향을 받는다고 합니다. 일사병은 조산 위험뿐 아니라 태어난 아이의 비만 위험을 높입니다. 또 다른 연구에 따르면 산불로 생기는 연기가 심각한 선천적 장애의 위험을 두 배로 높인다고 합니다.

20년 안에 지금까지 역대 최악 수준의 더위를 인류의 절반인 40억 명이 해마다 겪을 것입니다. 2019년에는 전 세계적으로 약 3,020억 시간의 노동력이 무더위로 증발했습니다. 이는 20년 전보다 50퍼센트 오른 수치로, 앞으로도 빠르게 올라 생산성과 국가 경제에 심각한 타격을 줄 것으로 보입니다. 영국의 저명한 싱크 탱크인 왕립 국제 문제 연구소 Chatham House 는 '기후변화 위험 평가 2021'에서 지금 당장 과감하게 배출량을 줄이지 않으면 10년 이내 4억 명 이상이 야외에서 일할 수 없게 되며, 매년 약 1,000만 명이 생존 한계치를 넘어서는 극심한 더위에 노출될 것이라는 끔찍한 전망을 내놓았습니다.

현실은 분명합니다. 우리는 전 세계적으로 건강 재앙에 직면해 있습니다. 제가 활동했던 UCL 랜싯 기후변화 건강 영향 관리 위원회는 2009년에 기후변화를 건강을 위협하는 금세기 최대의 위협 요소로 규정했습니다. 2021년 COP26 회의에 앞서, 200곳의 건강 저널은 세계 지도자들에게 보건을 위한 긴급 조치를 촉구하는 공동 사설을 발표하여 "세계 공중 보건의 가장 큰 위협은 정책 결정자들이 지구 평균기온 상승 폭을 1.5도 이하로 유지하는 것과 자연 되살리기에 번번이 실패하는 데 있다"고 지적했습니다. 안타깝게도 이 외침은 허무하게 흩어졌습니다.

열사병이 가장 대표적이지만 무더운 날씨는 다른 보건 문제도 불러옵니다. 지구 평균기온이 1도 오를 때마다 호흡기 질환으로 인한 사망률이 약 10퍼센트씩 증가합니다. 백내장도 점점 더 흔해질 것이며 악성 흑색종 발병률은 2040년까지 50퍼센트 증가할 것으로 예상합니다. 눈에 잘 띄지 않는 다른 위협도 있습니다. 예를 들어, 현재 매년 약 3만 3,000명이 산불 연기로 목숨을 잃고 있으며 특히 소방관의 치사율이 높습니다.

열대와 적도 지역에서 장시간 야외 활동을 하는 사람들이 가장 위험합니다. 예를 들어 카타르의 이주 노동자들은 8시간 동안 단 30분만 쉬고 내내 땡볕에서 일하는 경우가 많습니다. 매년 수백 명이 사망하는 것도 무리가 아닙니다. 니카라과 설탕 농장의 노동자들 사이에서 신장 질환은 여러 세대로 이어지는 고질병인데, 무더위와 수분을 제대로 섭취하지 않은 것이 원인임을 최근에야 인식하기 시작했습니다.

　도시에 사는 사람도 예외는 아닙니다. 열섬 효과는 고층 건물이 밀집해 있는 지역이 주변 지역보다 몇 도 더 덥다는 것을 의미합니다. 지구가 달아오를수록 에어컨이 없는 도시 공장의 근로자는 열사병 위험에 점점 더 노출되고 집에 머무르는 사람들도 무사하지만은 않을 것입니다. 전 세계 도시 주택 대다수는 금세기 중반 이후의 온도와 습도를 감당할 수 있게 설계되어 있지 않습니다. 전 세계 800개 도시의 행정관을 대상으로 한 설문 조사에서 거의 절반이 지구 가열화에 대응할 계획이 없다고 답했으며 그중 상당수는 그럴 만한 자금이 없다고 지적했습니다.

　극심한 기상재해로 충격을 겪은 사람들, 생계를 잃은 사람들, 길거리에 내몰린 사람들 사이에서 특히 많이 나타나는 정신 건강 문제도 있습니다. 몇 년 전 발표된 한 연구에 따르면 지난 30년 동안 인도에서 약 6만 명의 농장 노동자가 자살한 원인으로 기후 붕괴를 꼽았습니다. 남아시아 농부들의 열악한 삶을 강조한 이 연구는 농사철 기온이 1도만 올라도 67명이 더 자살한다는 사실을 보여 줬습니다. 5도 오르면 335명입니다. 반대로 연간 강수량이 1센티미터만 올라도 자살률이 7퍼센트 줄어들었습니다. 1995년 이후 30만 명이 넘는 인도의 농장 노동자가 스스로 목숨을 끊었으며 흉작에 대비한 보험 제도 같은 지원이 없으면 이 수치는 더욱 늘어날 것이 분명합니다.

지구 가열화와 정신 건강 사이에 직접적인 연관성도 있습니다. 2021년에 발표된 한 논문에 따르면 과도한 습도는 특히 여성과 젊은 층의 자살률 증가와 연관이 있다고 합니다. 정신 질환을 앓는 사람들은 열대야로 더 심하게 수면 부족에 시달리고, 항우울제 같은 약물이 신체의 체온 조절 능력을 방해해서 더 고생할 수 있습니다.

당연하지만 미래에 대한 불안은 점점 더 많은 젊은이에게 영향을 미치고 있습니다. 오늘날 전 세계 10억 명이 정신 질환에 시달리며 이는 전 세계 경제에 연간 약 1조 달러의 손실을 일으킵니다. 기후 붕괴가 정신 건강에 미치는 영향은 아직 공식적으로 알려지지 않았으나 금세기 후반에는 중대한 재난으로 밝혀질 수도 있습니다.

배고픈 세상

매일 밤 8억 명의 사람들이 주린 배를 안고 잠자리에 듭니다. 대부분은 가난한 나라의 상황이지만 영국과 미국처럼 빈부 격차가 큰 선진국에서도 날마다 기아가 늘어나고 있습니다. 세계 인구는 과거만큼 빠르게 증가하지는 않지만, 그래도 아프리카와 아시아 대다수 국가의 성장에 따라 21세기 중반에는 90억에서 100억 명에 이를 전망입니다. 그와 동시에 고온, 물 부족, 기상이변으로 주식 작물의 수확량은 꾸준히 줄어들 것입니다. 2021년 희대의 폭염으로 겪은 식량 부족과 가격 인상은 앞으로 일어날 일의 전조일 뿐입니다. 앞으로 식량문제의 규모는 잘 알려지지 않았지만 파괴적일 가능성이 큽니다.

영국 왕립 국제 문제 연구소는 2021년 기후변화 위험 평가에서 전 세계 인구와 수요 증가로 2050년에는 현재보다 50퍼센트 더 많은 식량이 필요할 것이며 농업 생산량이 거의 3분의 1로 줄어들 것이라고 예측했습니다. 이 악몽 같은 시나리오가 현실이 된다면 유례없는 기근과 그에 따른 사회 붕괴와 갈등이 널리 확산할 것입니다.

우리가 경고를 받지 않은 것은 아닙니다. 최근 몇 년 동안 지역마다 흉작이 훨씬 더 흔해졌으며 점점 더 늘어나는 추세입니다. 2006년과 2007년 연속으로 호주 밀 수확량은 극심한 가뭄으로 절반으로 줄었습니다. 2018년의 이상 고온과 가뭄은 유럽 전역의 농업계를 강타해 많은 농가를 파산으로 몰아넣었습니다. 2020년에는 영국의 밀 수확량이 40퍼센트 줄어들었고 이듬해에는 프랑스의 포도밭이 메말라 와인 생산량이 3분의 1로 줄었으며 생산자들은 20억 유로의 손실을 보았습니다. 유엔 세계식량계획에 따르면 1980년대에는 연간 15건 정도였던 식량 비상사태가 현재는 연간 30건을 훨씬 넘는 수준으로 늘어났습니다.

전 세계 농업이 이미 기후 붕괴의 타격을 받기 시작했다는 증거는 명백합니다. 실제로 1960년 이후 농업 생산성은 산업화 이전과 비교해 5분의 1로 떨어졌습니다. 이런 추세는 고온, 가뭄, 해수면 상승, 사막화 등으로 농경지가 점차 줄면서 계속될 것입니다.

최근 예측에 따르면 2100년까지 전 세계 사막 면적은 4백만 제곱킬로미터로 늘어날 것이며 이는 인도보다 넓습니다. 앞으로 20년도 남지 않은 2040년에는 전 세계 농경지의 약 3분의 1에서 수확량이 절반으로 줄며 이는 과거의 3배나 되는 수치입니다. 금세기 중반에는 쌀과 밀 재배지의 3분의 1 이상이 뜨거운 열기에 노출되며 남아시아 일부 지역에서는 이 비율이 거의 3분의 2로 늘어날 것입니다. 동시에 미국과 러시아의 곡창지대는 매년 재배 면적의 40퍼센트 이상이 극심한 가뭄을 겪을 것입니다.

흉작은 한 지역을 초토화할 수 있으며 이는 대부분의 가난한 나라에서 흔히 일어나는 일입니다. 앞으로 기후 붕괴로 전 세계에서 하나 이상의 주요 작물 수확량이 한꺼번에 대량 손실될 가능성이 점점 커지고 있습니다. 컨설팅 회사 맥킨지McKinsey의 최근 보고서에 따르면 10년간 최소 한 번 이상 전 세계적으로 15퍼센트 이상 흉작이 일어날 확률이 현재 10퍼센트에서 금세기 중반에는 34퍼센트로 늘어날 전망입니다. 이런 상황이 일어나면 물가가 3배 이상 뛰어 전 세계 빈곤층에게 치명타를 주고 광범위한 사회 불안과 내전을 부추길 수 있습니다. 비슷한 맥락에서 영국 왕립 국제 연구소는 2040년대까지 주요 옥수수 재배 4개국(미국, 중국, 브라질, 아르헨티나)의 옥수수 생산량이 동시에 10퍼센트 줄어들어 생산량이 50퍼센트가 안 될 것이라고 경고했습니다.

2007~2008년에는 쌀 가격이 200퍼센트 오르고 밀과 대두 가격이 2배 이상 올랐습니다. 원인은 지역별 생산량 감소, 금융 투기, 세계 식량 비축량 감소, 특히 호주의 기상이변 영향 등 12가지 이상의 요인이 복합적으로 작용한 것으로 밝혀졌습니다. 그 파급 효과는 엄청났습니다. 주식 작물을 재배하는 많은 나라가 국내 공급을 유지하기 위해 수출을 금지하는 한편, 농업 시스템이 취약한 나라

들에서는 식량 수입 비용이 25퍼센트 증가했습니다.

가격 인상으로 기본적인 식료품을 구하기 어려워지자 튀니지, 이집트, 카메룬, 방글라데시, 아이티 같은 나라에서는 사회 불안이 확산되었습니다. 북아프리카, 특히 튀니지에서 시위가 가장 크게 일어났으며 다른 요인들이 가세하여 독재 정권을 무너뜨리는 혁명으로 치달았습니다. 이는 아랍의 봄으로 알려진 대중 봉기에 도미노 효과를 일으켰고 합리적인 식량 가격이 사회 안정을 유지하는 데 얼마나 중요한지 보여 주는 증거가 되었습니다. 1906년에 미국의 작가이자 저널리스트 알프레드 헨리 루이스Alfred Henry Lewis는 "인류와 무정부 상태 사이에는 아홉 끼가 있다"고 했습니다. 국민이 사흘만 굶어도 나라가 망한다는 뜻이죠. 혹자는 사흘도 길다고 말합니다.

이 모든 것이 금세기 후반의 끔찍한 전망으로 이어집니다. 기근과 식량 불안이 커지면서 수십억 명이 필수 칼로리를 얻기 위해 경쟁해야 하고 대다수가 패배하리라는 전망입니다. 한 연구에 따르면 탄소 배출량을 급격히 줄이지 않으면 금세기 말까지 전 세계 인구의 절반이 심각한 식량 부족에 직면하게 될 것입니다. 가난한 나라에서 이는 기아와 영양실조, 폭력과 착취로 인한 사망률 증가를 의미합니다. 선진국에서도 기본 물자가 점점 부족해지고 식량 가격이 천정부지로 치솟으면서 수백만 명이 가족을 먹여 살리기 위해 허덕이게 될 것입니다.

모기의 진군

더 덥고 습한 세상은 우리에겐 불행하지만 치명적인 질병을 옮기는 모기와 곤충들에게는 천국과도 같습니다. 기온이 계속 오르면서 곤충이 옮기는 질병의 전파를 막기 위해 수십 년간 이룬 성과가 물거품이 되고 온갖 불쾌한 질병이 늘어날 것으로 예상하고 있습니다. 세계보건기구에 따르면 기후변화에 대비해 보건 전략을 세운 국가가 절반도 되지 않기에 많은 국가의 의료 시스템이 큰 혼란에 빠질 것입니다.

곤충이 옮기는 질병을 흔히 벡터 매개 질병이라고 합니다. 사람에서 사람으로 직접 전염되거나 불결한 물, 음식을 통해서 전염되는 것이 아니라 매개 동물을 통해 전염된다는 뜻입니다. 기생충, 바이러스, 박테리아 같은 곤충을 중간숙주로 삼아 인간에게 말라리아, 뎅기열, 황열병, 아프리카 수면병, 지카 같은 다양한 질병을 일으킵니다. 오늘날에도 이러한 질병으로 해마다 70만 명 이상이 사망합니다. 그중 절반 이상이 말라리아로 사망하며 매년 2억 건 이상의 말라리아 감염 사례가 일어나고 있습니다.

뎅기열은 최소 1억 건(최대 4억 건)으로 추정합니다.

일부 벡터 매개 질병의 발병률은 이미 늘어나고 있습니다. 베네수엘라, 수단, 에리트레아를 비롯해 여러 국가에서 말라리아가 다시 유행하고 있으며, 뎅기열의 보고 건수는 20년 만에 50만 건에서 500만 건 이상으로 급증했습니다. 이런 질병이 만연한 지역은 미래가 몹시 암울합니다. 날씨가 더워 병원균이 숙주 곤충 안에서 더 빠르게 자랄 뿐 아니라 숙주 곤충의 번식률도 높아져 특정 지역에 개체 수가 밀집되기 때문입니다. 기온에 따라 벌레에 물리는 빈도도 높아지므로 결과적으로 발병률이 대폭 늘어날 수밖에 없습니다.

지구 가열화는 또한 곤충의 활동 범위를 넓혀 상황을 더욱 악화할 겁니다. 라임병 같은 끔찍한 질병을 옮기는 진드기는 이미 유럽과 북미로 활동 범위를 넓혔습니다. 말라리아모기도 북상하고 있으며 특히 더운 해에는 아프리카와 남아메리카의 고지대 지역민들을 위협하고 있습니다. 탄소 배출량을 크게 줄이지 않으면 금세기 후반에 말라리아와 뎅기열을 옮기는 모기의 활동 범위가 크게 넓어져서 저항력이 없는 국가의 보건 시스템과 수많은 사람에게 끔찍한 결과를 일으킬 수 있습니다.

벡터 매개 질병은 해외여행을 통해서도 전염될 수 있

습니다. 예를 들어 미국에서 말라리아는 풍토병이 아니지만 모기는 흔합니다. 해외에서 말라리아에 걸렸던 사람을 문 모기가 다른 사람을 물면서 병원균을 전파합니다. 또는 비행기나 수화물에 실려 온 모기가 공항 안팎의 사람들을 물어 전파하는 '공항 말라리아'도 있습니다. 이렇게 들어온 모기는 지구 기온이 오르면 더 번성해서 말라리아를 퇴치했던 국가에서 다시 생겨날 것입니다. 말라리아는 제2차 세계대전 이후 영국에서, 그리고 1970년에야 이탈리아에서 퇴치되었습니다. 두 나라 모두 모기가 흔하고 여름철 기온이 점점 더 오르면서 말라리아가 유행할 가능성이 높아지고 있습니다.

조건만 맞으면 벡터 매개 질병이 한 나라에 번지는 속도는 가히 무섭습니다. 1999년에 뉴욕에서 웨스트나일 바이러스가 갑작스럽게 유행했습니다. 모기가 옮기는 이 열대성 질병은 뇌수막염과 뇌염으로 이어질 수 있습니다. 발병 원인은 밝혀지지 않았으나 감염된 모기가 항공이나 선박 화물을 통해 들어왔을 가능성이 큽니다. 원인이 무엇이든, 1999년 초기 발병으로 8,000명 이상이 감염되었을 것으로 추정하며 2004년까지 인접한 48개 주 전역으로 퍼져서 지금껏 약 700만 건의 감염 사례가 발생했습니다. 북미에서 생소했던 웨스트나일 바이러스는 이제 풍토병이 되고 말았습니다.

웨스트나일 바이러스는 덥고 건조한 환경에서 번성합니다. 이미 유럽에서 유행 중이며 분명 앞으로 더 흔해질 것입니다. 뎅기열은 현재 특히 지중해 동부에서 발병하고 있으며 매년 유럽 전역에서 발병 사례가 보고되고 있습니다. 뎅기열과 비슷하며 심각한 관절 통증을 일으키는 치쿤구니야 바이러스도 프랑스와 이탈리아 등 유럽에 침투했습니다. 2009년부터 그리스에서 발병하고 있는 말라리아는 앞으로 수십 년 안에 남유럽 전역으로 퍼지고 유럽 중부와 북부 지역으로도 확산할 가능성이 큽니다.

벡터 매개 질병이 지구촌 모든 이에게 큰 위협이 되리라는 것은 분명합니다. 2021년에 런던 위생 열대의학 대학원은 불안한 예측을 내놓았습니다. 탄소 배출량이 현재대로라면 2080년까지 말라리아의 유행 기간은 1개월, 뎅기열은 4개월 더 늘어날 것이며, 이 시기까지 증가할 세계 인구의 90퍼센트에 가까운 80억 명이 이런 치명적인 질병에 걸릴 수 있습니다.

백신이 꽤 효과적으로 개발되었다는 사실에 희망을 품을 수 있지만 빈곤, 대량 이주, 기근, 사회 불안과 갈등이 심해진 미래에는 대규모 백신 접종을 위한 자금 마련과 시행이 점점 더 어려워질 것입니다. 또한 신종 벡터 매개 질병이 나타날 가능성도 있습니다. 웨스트나일 바이러스와 지카 바이러스는 모기가 인간을 감염시키기 전에 새와 원숭이에게서 처음 발견되었습니다. 더 덥고 습한 정글과 늪에 서식하는 동물군에서 또 어떤 질병이 잠복하고 있을지 떠올리면 소름이 돋습니다.

더러운 물, 상한 음식

전 세계 인구 5명 중 1명꼴인 15억 명이 식수를 공급받지 못하고 있습니다. 온실 지구에서는 농업과 여러 산업에서 물을 차지하기 위해 서로에게 책임을 떠넘기며 경쟁하느라 점점 더 많은 사람이 갈증을 해소하기 어려워질 것입니다.

지하수는 농업에 빨려 들어가고 강물은 졸졸 흐르며 호수조차 식수 공급원이 되지 못할 가능성이 큽니다. 고인 물은 따뜻해서 산소를 덜 함유합니다. 이런 물은 독성 녹조가 번성해서 마시면 치명적일 수 있습니다.

많은 국가에서 오염된 물로 생존해야 하는 사람이 점점 더 늘면서 콜레라가 더욱 기승을 부릴 것입니다. 콜레라를 일으키는 비브리오 콜레라균은 강과 바다에서 발견되는데, 자연에서 생긴 박테리아입니다. 전염성이 매우 강하며 보통 오염된 물과 음식을 통해 감염됩니다. 이 질병은 문명의 초기부터 인류를 괴롭혀 왔으며 전 세계 많은 지역에서 여전히 발병하고 있습니다.

콜레라는 19세기 중반 5년 동안 러시아에서 100만 명, 1900년부터 1920년까지 인도에서 800만 명의 목숨을 앗아간 무서운 살인마였습니다. 오늘날에는 연간 최대 5백만 명이 감염되어 14만 3,000명의 사망자가 생기는데, 그중 대부분은 어린아이들입니다. 2010년 아이티에서는 감염 후 몇 시간 안에 사망할 수 있는 치명적인 변종이 나타나 9,000명의 목숨을 앗아갔습니다. 전쟁으로 폐허가 된 예멘에서는 상수도 공급이 실패하고 보건 시스템이 붕괴되는 바람에 2016년부터 콜레라가 기승을 부려 250만 명 이상이 감염되고 4,000명이 사망했습니다.

세계보건기구는 2030년까지 사람 사이에 전파되는 콜레라를 종식하겠다고 공언한 바 있습니다. 훌륭한 야망이지만 사회적, 경제적 불안정성이 커지고 깨끗한 물을 구하기 어려운 상황에서 과연 그 목표를 이룰 수 있을지 의문입니다. 오히려 앞으로 더 많이 유행할 가능성이 큽니다. 콜레라균은 덥고 습한 환경에서 번성하기에 겨울철에는 줄어드는 편이지만 여름이 더 덥고 길어지면서 바다와 강의 평균 수온이 올라 유행 기간도 길어질 것입니다. 여기에 기상이변이 가세하면 보건 시스템이 제 역할을 못 하고 식수가 콜레라균에 오염되는 재난이 일어날 것입니다.

지구 기온이 오르면서 감염자에게 급성 염증을 일으킬 수 있는 다양한 비브리오 박테리아가 활개를 치고 있습니다. 가장 무서운 장염 비브리오균은 바다에 서식하며 수온이 오르면서 발트해와 북대서양 같은 북쪽으로 퍼져나가고 있습니다. 앞으로는 어느 바다에서도 수영하는 게 점점 더 위험해질 것 같습니다.

장염 얘기가 나와서 말인데, 살모넬라 박테리아와의 만남을 떠올리면 30년 전 일인데 아직도 식은땀이 납니다. 상한 양배추 샐러드를 객기로 먹은 지 몇 시간 만에 증상이 나타났고, 그다음 주 내내 침대와 화장실을 급하게 오가야 했습니다. 그때 이후로 양배추 샐러드는 손도 대지 않았지만, 이 식품 매개 질병이 가열된 지구에서 더 번성할 거라는 사실을 알고 절로 앓는 소리가 나왔습니다. 특히 냉장고가 없는 수십억 명의 인구에게 심각한 문제가 일어날 것입니다. 살모넬라 식중독은 전 세계적으로 매년 10억 명이 걸리고 무려 300만 명이 사망합니다. 살모넬라의 일부 균주는 장티푸스를 일으키며 이것으로 해마다 약 20만 명이 사망합니다.

영국에서는 기온이 1도 오를 때마다 살모넬라 식중독 사례가 12퍼센트 증가할 것으로 예측합니다. 또 한 연구에 따르면 살모넬라 식중독 사례가 폭염과 폭우 현상과 맞물려 늘어난다고 합니다. 덥고 습한 날씨가 살모넬라균의 번식 속도와 함께 물과 작물의 오염 가능성을 키우기 때문입니다.

살모넬라균과 비슷한 캄필로박터균도 있습니다. 이 박테리아는 매년 전 세계적으로 8억 명 이상에게 세균성 위장염을 일으키며 유럽에서는 2008년 이후 식중독을 일으키는 가장 흔한 원인균입니다. 최근 한 연구에 따르면 북유럽에서 앞으로 60년 안에 발병률이 2배로 증가할 것으로 보이며 이런 추세는 다른 지역에서도 나타날 수 있습니다. 캐나다의 한 연구는 앞으로 흔한 집파리가 캄필로박터 식중독의 주요 감염원이 될 것이라고 지적했습니다. 날씨가 따뜻해지면 파리가 더 활발하게 활동하며 더 많은 음식물에 내려앉아 박테리아를 널리 퍼뜨릴 수 있습니다.

기후 붕괴는 더 간접적인 방식으로도 질병을 퍼뜨릴 수 있습니다. 예를 들어 난민촌에 빽빽하게 모여 사는 기후 이주민들 사이에서 결핵이 전파될 가능성이 큽니다. 더위가 심해지면 위험한 미생물만 들끓는 게 아닙니다. 온대 지역이 더 따뜻하고 습해지면 쥐가 번성하는데, 목마른 쥐가 물을 찾아 실내로 들어와 인간에게 한타바이러스, 페스트 같은 온갖 불쾌한 질병을 퍼뜨릴 가능성이 커집니다.

14세기에 있었던 흑사병을 포함해 중앙아시아에서 시작된 여러 전염병의 대유행에 기후가 이바지했다는 사실은 불안하기 그지없습니다. 봄철에 이 지역 기온이 1도만 올라도 페스트균인 예르시니아 페스티스의 유병률이 50퍼센트에 이를 수 있다는 연구 결과가 발표됐습니다. 과거와 마찬가지로 앞으로 아시아에서 전염병이 일어나면 유럽을 비롯해 전 세계로 퍼져 나갈 수 있습니다.

10

중요한 질문

얼마나 더 나빠질까요?

아무도 모릅니다. 기후, 자연, 사회, 경제 사이의 관계와 상호작용은 매우 복잡하게 얽혀 있습니다. 세심하고 포괄적인 모델링으로도 앞으로 일어날 기후 붕괴가 어떤 성격일지, 그 규모와 범위는 어떨지 추측만 할 수 있습니다. 결국 온실가스 배출량을 얼마나 크고 빠르게 줄이느냐가 우리의 향방을 판가름할 것입니다. 이제 1.5도 가드레일을 유지하는 게 사실상 불가능해졌기 때문에 우리가 확신할 수 있는 것은 기후 붕괴가 전면화될 것이라는 점입니다. 생명과 생계에 구석구석 침투해 그 누구도, 그 어느 곳에서도, 심지어 자기만의 요새에 칩거하는 기술업 억만장자들도 피해 갈 수 없을 겁니다.

산업화 이전 지구 평균기온은 13.7도였고 20세기에는 13.9도로 조금 올랐습니다. 지금은 14.9도에 가까우며 빠르게 오르고 있습니다. 화석연료 기업과 그 옹호론자들을 내버려 두면 이 추세는 계속될 것입니다. 이윤에 사로잡힌 그들이 석유, 석탄, 가스를 마구잡이로 채굴한 결과는 참혹한 재앙으로 돌아올 것입니다.

2013년에 전직 NASA 기후학자 제임스 핸슨과 그의 동료들은 지구에 매장된 화석연료의 전부 또는 대부분을 태우면 어떤 결과가 나올지 분석했고, 결론은 악몽 그 자체였습니다. 지구 평균기온은 지금보다 16도 올라 30도가 넘을 것입니다. 육지에서 평균 20도, 극지방에서 무려 30도가 오릅니다. 이런 조건은 인류 문명을 파괴하고 지구에 극소수의 인구만 남길 것입니다.

예로부터 인간은 개인으로든 집단으로든 꽤 어리석은 짓을 저질러 왔지만, 아무리 그래도 화석연료 기업 임원들의 주머니를 불리려고 저지르는 대량 학살에 자발적으로 동의할 만큼 어리석다고는 상상하기 어렵습니다. 물론 그 여파를 감당하는 건 세상을 누릴 만큼 누린 기성세대가 아니라 훨씬 더 위험한 세상을 마주해야 할 젊은 세대입니다. COP26에서 배출량을 줄이기 위해 제시한 단기

목표가 달성되더라도 지구 평균기온 상승치는 최소 2.4도 이상일 가능성이 큽니다. 0.1도만 올라도 다양한 여파를 미치는데 1.5도를 훨씬 넘어선 이 수치는 암담하기만 합니다.

지구 평균기온이 얼마나 빠르게 오를지는 우리의 행동에 달렸습니다. 지금대로라면 앞으로 6~9년 안에 1.5도, 20년 안에 2도를 돌파할 수 있습니다. 더 나쁜 소식은 2021년에 학술지 〈네이처〉에 발표된 연구 논문에 따르면 우리가 어떤 조처를 하더라도 2도 초과를 막을 수 없으며 아마도 2.3도까지 오를 수 있다는 것입니다.

하지만 희망이 아예 없는 것은 아닙니다. 지금과 같은 추세라면 수십 년 안에 2도 오르는 것이 현실이 되겠지만 지금 당장 대대적인 온실가스 배출량 감축에 뛰어든다면 이렇게 오르는 것은 다음 세기 또는 그 이후로 미뤄질 수 있습니다. 이상적이라고 할 순 없지만 적어도 더 더운 세상에 적응하면서 대규모로 나무를 심거나 해서 숨통을 틔워 줄 수 있습니다. 하지만 이 정도의 기온 상승은 해수면이 몇 미터 더 높았던 이전 엠 간빙기 때보다 지구를 더 뜨겁게 만들 것이므로 2도 상승을 미루더라도 안심할 수는 없습니다.

더 큰 문제는 앞으로 지구 평균기온이 느리게나마 계

속 오른다면 기온이 다시 아무리 떨어지더라도 돌이킬 수 없는 티핑 포인트를 넘을 가능성이 계속 존재한다는 것입니다. 예를 들어 엠 간빙기의 해수면이 훨씬 더 높았다는 사실은 당시 서남극 빙상이 상당히 붕괴했으며 대서양 자오면 순환이 어느 시점에서 멈췄다는 것을 알 수 있습니다. 앞서 말했듯이 대서양 자오면 순환은 이미 불안정하므로 중단되더라도 놀랍지는 않습니다. 하지만 그 결과는 또 다른 기후 대혼란을 일으킬 것입니다.

더 넓은 관점에서 보면 티핑 포인트와 양의 되먹임 고리는 상황이 얼마나 나빠질지 정확히 파악할 수 있는 진짜 단서입니다. 빙상 붕괴와 대서양 자오면 순환 중단부터 메탄 폭탄과 탄소 흡수원 파괴에 이르기까지, 이는 전 미국 국방부 장관 도널드 럼즈펠드가 말한 '알려진 무지known unknowns'에 해당하는 것들입니다. 이 알쏭달쏭한 개념은 사실 이라크에 대량 살상 무기가 있으나 증거가 없을 뿐이라고 주장하기 위한 표현이었습니다. 하지만 기후 시스템이 어떻게 작동하는지 현재 지식과 이해의 상태를 설명하는 데 적합하기도 합니다.

기술이 지구를 구할 수 있을까요?

제 에코 스릴러 소설 《하늘씨앗 Skyseed》에서는 기후 비상사태를 해결할 방법을 설계하려는 은밀한 시도가 처참하게 어그러집니다. 세상을 혼돈에 빠뜨리는 자가복제 탄소 흡수 나노봇은 아직 제 열띤 상상에서만 존재하지만, 이 소설이 전하는 메시지는 여전히 시급하고 시의적절합니다. 기후를 함부로 주무르면 반드시 역풍을 맞는다는 것이죠.

하지만 이 메시지는 지구 가열화를 막기 위해 기후 시스템을 땜질하는 데 골몰하는 사람들 사이에서 반향을 불러일으키지 못했습니다. 인위적이고 대대적으로 기후 시스템에 간섭하는 기술 계획은 '지구 공학'이라는 이름으로 그 수가 점점 더 늘어나고 있습니다. 크게는 둘로 나눌 수 있는데, 지구에 들어오는 태양열을 차단해 지구를 식히려는 계획과 대기에서 탄소를 적극적으로 제거해 지구를 식히려는 계획입니다. 저는 이 계획들을 헛된 공상과 실용적인 방안으로 구분하고 싶습니다.

제안한 계획들은 엄청난 위험이 따르거나, 막대한 비용이 들거나, 대규모의 환경 파괴를 일으킵니다. 제가 꼽은 '헛된 공상' 목록 맨 위에는 일부러 화산 폭발을 일으켜 지구를 식히자는 성층권 제어 섭동 실험SCoPEx이 있습니다. 하버드대학교의 한 연구팀이 개발하고 빌 게이츠를 비롯한 거부들이 지원하는 이 프로젝트의 원리는 매우 간단합니다. 대규모 화산 폭발은 기후를 냉각시키므로 이런 현상을 인위적으로 조작한다면 같은 효과를 낼 수 있다는 것입니다.

화산 작용에 의한 냉각은 대기 중에 분출되는 막대한 유황 가스 때문에 이뤄집니다. 성층권으로 분출된 이산화황은 안개 형태의 황산 방울이 되어 지구의 상당 부분을 덮을 수 있습니다. 이 황산 막은 지구로 들어오는 태양 복사열을 우주로 반사해 대류권과 지표면을 효과적으로 냉각시킵니다.

이 연구팀은 고공 풍선이나 항공기에서 화학물질을 분사해 이 효과를 실험할 계획이며 이를 통해 연간 100억 달러 이하의 비용으로 지구 평균기온을 1.5도 낮출 수 있다고 장담합니다. 그런데 이것은 해마다 성층권에 화학물질을 보충해야 한다는 이야기입니다. 물론 연구자들은 모든 것이 완벽하게 안전하며 부작용이 전혀 없다고 주장합니다. 저는 모든 모델링에 있는 변수와 기후 시스템의 복잡성을 고려할 때 그 주장이 과학적 오만에 지나지 않는다고 생각합니다. 실제로 이 계획은 불확실성과 위험으로 가득 차 있으며, 한 저명한 대기 과학자는 이런 형태의 지구 공학이 위험한 이유를 27가지나 나열했습니다. 그래서 저를 포함한 300명 이상의 전문가들이 태양 지구 공학 사용 금지 협약을 제정하도록 촉구하는 청원서에 서명해 유엔에 제출했습니다.

저는 화산학자로서 과거의 화산 폭발과 그 폭발이 기후에 미치는 심각한 영향에 대해 잘 알고 있습니다. 1783년 아이슬란드에서 일어난 라키 화산 폭발은 약 1억 2천만 톤의 이산화황을 분출하여 이듬해 유럽과 북미 전역의 기온을 뚝 떨어뜨렸습니다. 더 멀리 떨어진 아프리카와 인도에서는 계절풍이 약해지고 사헬 사막의 강우량과 함께 나일강의 강물도 크게 줄었습니다. 더욱 인상적인 것은 1815년 인도네시아에서 일어난 거대한 탐보라 화산 폭발입니다. 그 영향으로 북반구 기온이 급격히 떨어져 이듬해인 1816년이 '여름 없는 해'가 되었고 수확량이 급감해 이른바 '서구 세계의 마지막 생존 위기'를 불러일으켰습니다. 화산 구름의 영향은 자연적이든 인위적이든 위험하고 예측할 수 없으므로 어떤 대가를 치르더라도 피해야 한다는 것이 과거의 경고입니다.

또 다른 '헛된 공상'으로는 바닷물을 상공에 뿌려 더 많은 태양열을 우주로 반사하는 인공 구름을 만들자는 엉뚱한 제안도 있습니다. 또 다른 제안은 높은 고도에서 화학물질로 뭉게구름을 없애서 더 많은 열이 우주로 빠져나갈 수 있도록 하자는 것입니다. 비슷한 맥락의 다른 계획이 많지만 여기서는 다룰 지면이 없습니다. 하지만 이들 모두의 공통점은 우리가 이미 만든 혼돈을 바로잡는답시고 기후 시스템에 간섭하려는 대규모 실험이라는 것입니다. 따라서 매우 위험하고 상황을 악화할 가능성이 무척 큽니다. 이런 계획은 지금처럼 구상 단계에서 그쳐야 합니다.

한편 제가 꼽은 '실용적 방안'에는 나름의 부담은 있지만 위험은 덜한 계획들이 있습니다. '풍화작용 강화'라는 아이디어는 전 세계 농지에 대량의 현무암을 파쇄해서 뿌리는 것입니다. 암석 가루는 토질을 개선할 뿐 아니라 풍화작용으로 분해되면서 대기 중의 탄소를 흡수할 수 있습니다. 문제는 탄소 농도를 낮출 만한 규모로 하려면 운송과 건강 문제는 물론이고 생산과정에서 막대한 물과 에너지가 들어서 환경에 큰 피해를 줄 수 있다는 것입니다.

이와 비슷한 계획으로는 대기 중 이산화탄소를 효율적으로 빨아들여 암석으로 바꾸는 공장을 세우는 것입니다. 2021년 아이슬란드에 연간 4,000톤을 가공할 수 있는 공장이 문을 열었습니다. 전 세계에 이런 공장이 1,000만 개만 있어도 한 해 탄소 배출량을 상쇄할 수 있습니다. 다만 비용과 환경 파괴로 실현되지 않을 것이 분명합니다.

제 기준에서 가장 어이없는 제안은 화학반응을 통해

대기에서 이산화탄소를 끌어내도록 고안한 인공 '나무' 천만 그루를 세우자는 것입니다. 우리가 대여섯 시간마다 '진짜' 나무 천만 그루를 일부러 벌목하는 상황에서 말입니다. 아이러니와 부조리함에 눈물이 나올 지경입니다.

　　가장 대표적인 탄소 추출 제안은 이산화탄소를 포집하고 저장CCS하는 것입니다. 이는 발전소나 산업체에서 배출되는 이산화탄소를 포집하고 액화하여 지하의 석유와 가스층에 저장하는 방식입니다. 얼핏 매우 합리적인 계획으로 보이지만, 결론부터 말하자면 에너지 집약적이고 비용이 많이 들며 기술적으로 까다롭고 누출될 위험이 큽니다. 게다가 화석연료 기업들은 이 계획을 열렬히 지지하는데, 이 과정에 필요한 인프라를 개발해 돈을 벌 수 있을 뿐 아니라 낡은 유전에서 마지막 한 방울까지 짜내기 위해 이 과정을 악용할 수 있습니다. 어쨌든 현재 진행하고 있는 소량의 CCS가 배출량에 영향을 미치려면 2030년까지 60배쯤 확대되어야 하는데 그럴 가능성은 희박해 보입니다.

　　앞서 이야기한 모든 문제와 위험을 떠나서, 지구 공학은 지구를 훼손하는 결정에 아무런 발언권이 없는 지구상 모든 개인의 인권과 법적 권리를 정면으로 거스릅니다. 또한 지구 가열화의 원인보다는 증상만 해결하려는 미봉책으로 최대한 빨리 배출량을 줄이기 위한 노력에 방해가 됩니다. 사실, 배출량 감축 조치가 실패할 경우 우리가 의지할 기술적 보루가 있다고 선전하는 것은 그런 조치가 실패할 가능성을 더욱 키웁니다. 세계 지도자들이 아직 기술적 해결책이 남아 있다고 생각하면 눈앞에 닥친 과제의 시급함에서 마음이 멀어질 수밖에 없습니다. 그 결과는 재앙 그 자체일 것입니다.

더 나빠지지 않도록 멈출 수 있을까요?

무지, 부실한 정부, 정보의 교란, 기후 부정론자들의 연합 공격으로 우왕좌왕하다 보니 어느새 1.5도 가드레일까지 0.5도도 채 안 남았습니다. 곧 기적이 일어나지 않는 한 우리는 그 방어선을 뚫고 추락하게 될 것입니다. 지구 가열화와 기후 붕괴는 오늘날 그레타 툰베리Greta Thunberg 같은 개인 운동가, 미래를 위한 금요일Fridays for Future 같은 캠페인, 멸종 저항Extinction Rebellion, 영국을 단열하라 Insulate Britain와 같은 풀뿌리 단체 덕분에 정치 의제의 최상위에 자리 잡고 있습니다. 위협에 대한 인식은 널리 퍼졌지만 탄소 배출량은 계속 급증하고 있으며 이러한 흐름을 바꾸기 위한 전 세계적인 행동은 아직 보이지 않습니다. 나빠지기만 하는 이 상황을 막기 위한 기회를 얻으려면 지금부터라도 본격적으로 배출량을 줄여야만 합니다. 10년 뒤나 5년 뒤가 아니라 바로 오늘, 지금 당장 말입니다.

앞에서 말했듯이, 메탄 배출량을 줄이는 것만으로도 빠른 성과를 거둘 수 있습니다. 메탄은 대기 중 체류 시간이 짧기에 2030년까지 배출량을 절반으로 줄이면 2045년까지 지구 가열화를 0.3도까지 줄일 수 있습니다. 물론 더 나아가야 합니다. 인간 활동으로 배출되는 메탄의 절반 가량을 누출하는 화석연료 회사들은 법에 따라 당장 정화 조치를 실행해야 합니다. 우리는 육식을 줄이는 것으로 또 다른 대규모 메탄 배출원을 줄일 수 있습니다.

메탄 배출량을 줄이는 것은 기후 비상사태를 극복하기 위한 좋은 출발점이 될 수 있지만 많은 조치를 함께해야 합니다. 화석연료 기업들은 하루빨리 석유갱과 탄광을 폐쇄해야 합니다. 물론 자발적으로 폐쇄할 리는 없으므로 이미 알려진 석유, 가스, 석탄 매장량은 땅속에 남겨 두고 탐사를 중단하도록 압박해야 합니다. 정부 보조금을 폐지하는 징벌적인 조치가 효과적일 것입니다. 2020년에만 총 5조 9,000억 달러, 그러니까 1분마다 1,100만 달러나 되는 보조금을 화석연료 사업에 지원한 세계 지도자들이

COP26에서 입으로만 그럴듯한 말을 늘어놓아 분노를 자아냈습니다. 지금 당장 지원을 중단하고 보조금을 재생에너지 부문에 투입해야 합니다.

이와 함께 신규 탐사 허가도 중단해야 합니다. 조 바이든 미국 대통령은 자신의 행정부가 "기후 공약이 그저 말이 아닌 행동임을 보여 주기 위해" 노력하고 있다고 전 세계에 호언장담할 때조차 화석연료 탐사를 위해서 멕시코만 해저 8천만 에이커 이상을 경매에 부치고 있었습니다. 이는 미친 짓이나 다름없습니다.

당근과 채찍 전략을 써서 화석연료 사업으로 돈이 쏟아지는 것을 막아야 합니다. 보조금 지원과 신규 탐사 허가를 중단하면서 연금 제도, 국부 펀드, 대학과 교회 같은 주요 기관에서 가지고 있는 화석연료 기업의 모든 주식과 지분을 매각해 투자를 철회하도록 끊임없이 압력을 가해야 합니다. 보험사들은 시추선, 정유소 같은 화석연료 시설에 대한 안전망 지원에서 한발 물러나야 합니다. 이런 조치들은 재생에너지가 계속 저렴해지고 있는 상황에서 석유, 가스, 석탄 채굴을 비경제적으로 만드는 데 큰 도움이 될 것입니다. 석유갱과 광산 입구에 탄소세를 부과하면 화석연료 산업의 기반이 흔들릴 수 있고, 흔들려야만 합니다.

훼손되고 오염된 토지를 복원하는 것도 큰 역할을 할 수 있습니다. 인류가 지구상에 등장하기 전에는 약 6조 그루의 나무가 지구 표면을 덮고 있었던 것으로 추정합니다. 그런데 인류 문명이 성장하는 동안 이 중 절반 이상이 사라졌고 파괴는 멈출 기미가 보이지 않습니다. 해마다 160억 그루의 나무가 벌목되는데, 그 대부분은 광대한 고대 열대림에서 매초 476그루의 속도로 베여 나가고 있습니다. 멈춰야 할 뿐 아니라 반드시 되살려야 합니다.

한 가지 경이로운 소식은 열대우림을 자연 그대로 내버려 두면 20년 만에 성장 상태의 거의 80퍼센트를 회복할 것으로 보인다는 점입니다. 하지만 더 많은 나무가 지금 당장 필요합니다. 대규모로 나무를 제대로 심는다면 대기 중 과잉 탄소를 제거하는 가장 저렴하고 효과적인 방법이 될 것입니다.

예를 들어, 2019년의 한 연구에 따르면 지구 표면의 10퍼센트가 조금 넘는 면적(미국과 중국을 합친 면적)에 1조 2천억 그루의 나무를 심으면 오늘날 인간 활동으로 생긴 대기 중 탄소의 3분의 1 정도를 흡수할 수 있습니다. 하지만 산림을 다시 조성할 때는 몇 가지 문제가 있습니다. 특히 농사지을 땅을 빼앗아 나무를 심어서는 안 된다는 점, 한 가지 종만 심으면 생물 다양성이 무너진다는 점입니다. 하지만 이러한 문제가 있어도 산림을 다시 조성하는 것은 배출량을 줄이는 데 크게 이바지합니다.

대규모로 산림을 조성할 때 함께해야 할 일은 축산업과 낙농업을 차차 폐지하는 것입니다. 소고기와 유제품이 전체 온실가스 배출량의 거의 15퍼센트를 차지하는데, 현재 소와 젖소를 기르는 데 쓰이는 땅에 산림을 조성하면 모두에게 이로운 상황이 될 것입니다. 세계 최대 육류와 유제품 생산업체 20곳이 독일이나 프랑스보다 더 많은 온실가스를 배출하고 있습니다. 기후 비상사태를 해결하기 위해서 개인이 할 수 있는 최선은 육류(특히 소고기)와 유제품 소비를 줄이는 것입니다.

이탄지와 습지를 되살려서 더 많은 탄소를 흡수하게 하고, 전 세계 소비재를 나르는 항공편을 대폭 줄이고, 선진국에서는 주택 단열과 친환경 가정 에너지에 대대적으로 투자하는 등 탄소 배출량을 줄이기 위해 해야 할 일은 수두룩합니다. 전기 자동차도 좋지만 전 세계에서 개인이 소유하고 있는 10억 대의 화석연료 자동차를 전부 전기차로 대체하는 것은 그것만으로도 부담이 큽니다.

가장 큰 문제는 배터리 제작에 필요한 리튬, 니켈 같은 원소를 대규모로 추출하는 데 드는 에너지, 운송과 환경 비용이 포함된다는 점입니다. 훨씬 더 저렴하고 친환경적이며 효율적인 방법은 대중교통 이용하기, 카풀이나 자동차 공유하기, 걷기와 자전거 타기를 장려하고 확대하는 것입니다. 마찬가지로 개발도상국들이 경제적으로나 사회적으로 격변의 고통을 덜 겪으면서 친환경 미래로 전환할 수 있도록 선진국들이 자금을 지원해야 합니다.

우리가 직면한 기후 혼란의 여파를 최소화하기 위해서는 정부, 크고 작은 기업, 지방 자치단체는 물론 개인이 내리는 모든 결정과 선택에 대해 '이것이 기후에 도움이 되는가'라는 질문을 던져야 합니다. 대답이 '아니오'라면 진행해서는 안 됩니다.

2100년, 어떤 모습으로 살게 될까요?

앞으로 10년은 인류 역사상 가장 중요한 시기가 될 것입니다. 기후 붕괴는 필연적으로 우리에게 큰 타격을 주겠지만 지금 당장 배출량을 줄이고 훨씬 더워진 세상에 적응하기 위해 긴급 대책을 세우고 실천한다면 그 타격을 상당히 줄일 수 있습니다. 우리는 끝이 정해진 재앙 같은 세상과 훨씬 더 큰 회복력을 품은 세상으로 가는 갈림길에 서 있습니다. 우리가 내리는 선택이 80여 년 후의 세상과 그 속에서 살아가는 사람들에게 어떤 영향을 미칠지, 다음 두 가지 영국 런던의 미래를 통해 엿보겠습니다.

†

2100년 8월의 마지막 공휴일은 화창하지만 해변이나 시골로 휴가를 떠나려는 시민의 모습은 찾아볼 수 없습니다. 아니, 런던 거리 전체가 텅 비어 있습니다. 온도계는 이미 32도를 넘어섰고 한낮에는 44도까지 올라갈 예정입니다. 운 좋게 에어컨을 이용할 수 있는 사람들은 집 안에 틀어박혀 무더위를 피하고, 그렇지 않은 사람들은 나무 없는 메마른 공원에서 야영하거나, 버려진 거리의 그늘에서 피난처를 찾거나, 북쪽으로 탈출하고 있습니다. 런던에서는 이제 아무도 부동산을 사지 않아 방치된 땅과 건물이 널려 있습니다.

바다가 깊숙이 침투한 런던의 남쪽과 동쪽에는 해풍에 무더위가 한풀 꺾이는 해안을 따라 판자촌이 늘어섰지만, 콜레라와 말라리아라는 치명적인 대가를 치르고 있습니다. 설상가상으로 더 더운 남쪽 대륙을 떠나온 극빈층과 무일푼 이주민들이 물 한 모금을 위해 필사적으로 싸우면서 이곳은 죽음의 땅이 되고 있습니다. 웨스트민스터에는 아직 국회의사당이 있지만, 매일 천둥 번개를 동반한 홍수 탓에 토론의 목소리는 템스강에 흘러드는 하수 냄새에 떠밀려 사라진 지 오래입니다.

서쪽의 히스로 공항에는 활주로와 터미널이 하나만

남아 있습니다. 너무 늦은 대응인 탄소 부담금이 생긴 뒤로 비행기는 부유층의 전유물이 되었습니다. 도시 곳곳의 풍경은 황갈색으로 칙칙해졌고 토양이 마르고 지각이 일부 내려앉으면서 오래된 상수도 시스템이 무너져 수도관이 파손되고 수자원이 오염되었습니다. 바큇살처럼 뻗어 있는 고속도로들은 교통량이 거의 없습니다. 전기 자동차지원이 제대로 이뤄지지 않는 상황에서 화석연료 산업이몰락해 연료비가 치솟았기 때문입니다.

태양이 하늘 높이 올라갈수록 뜨거운 바람이 불면서 6년 동안 극심한 가뭄으로 쌓인 두꺼운 먼지와 표토가 건물을 뒤덮고 있습니다. 상공에 회색 구름이 간간이 떠 있지만 내리쬐는 햇빛의 기세를 누그러뜨리는 데는 아무 도움이 되지 않습니다.

‡

2100년 8월의 마지막 공휴일, 태양은 뜨겁게 내리쬐고 런던은 에메랄드색으로 빛납니다. 하늘에서 내려다본 런던의 풍경은 녹색, 흰색, 은색이 조화를 이루고 있습니다. 모든 지붕이 녹지 또는 태양광 패널로 덮여 있거나 태양 광선을 반사하는 흰색으로 칠해져 있기 때문입니다. 거리는 극심한 땡볕을 막아 주는 나무 우듬지에 가려 거의 보이지 않습니다. 또다시 무더위가 찾아올 예정이지만 기온은 지난여름보다 낮고 앞으로도 차츰 내릴 것으로 보입니다.

차가 다니지 않는 길에서 아이들이 노는 소리가 깨끗한 공기를 타고 멀리 퍼집니다. 나무 그늘 속에서 걷거나 자전거를 타며 인사를 나누는 사람들의 모습이 보입니다. 풍력, 태양열, 조수 간만의 차이로 발전해 움직이는 풍성한 대중교통 덕분에 런던에서 자동차는 거의 찾아볼 수 없게 되었고 간선도로를 제외한 모든 도로가 시민들의 여가를 위해 개간되었습니다.

거리에는 여름철 더위를 막기 위해 단열재로 개조한 집이 늘어서 있습니다. 깊은 수로는 갑작스런 홍수로 불어난 물을 북쪽과 남쪽의 강으로, 동쪽의 내륙을 침범한 바다로 보냅니다. 이곳에서 주말 여행객은 여러 수상 스포츠를 즐길 수 있으며 습지에는 다양한 야생동물이 살고 있습니다.

서쪽으로는 연료전지로 움직이는 거대한 비행선들이 히스로 터미널을 오가며 일부는 계류탑에 정박해 짐을 내리고 일부는 거대한 갈매기처럼 떠올라 국내외 목적지로 유유히 날아갑니다. 도시 변두리 곳곳 태양열을 이용한 소규모 농장에서는 매일 시민들의 식탁에 오르는 과일과 채소를 재배하고 있습니다. 가뭄은 여전히 문제지만,

폭풍우로 불어난 물을 최대한 활용하도록 설계된 집수와 재활용수 시스템 덕분에 물이 크게 모자라지는 않습니다. 수도에서 사방으로 뻗어 나가던 고속도로는 대부분 사라지고 고속 전기 노면 열차 노선으로 대체되거나 철거되어 상품용 채소 농원으로 재개발되었습니다. 상품은 철도를 통해 도시로 운반되고 외곽의 거대한 물류 센터에서 하역되어 소형 전기 트럭을 타고 이동합니다.

태양이 하늘 높이 떠오를 무렵, 사람들은 더위를 피해 시원한 음료를 즐기려고 노천카페에 모여듭니다. 거리에 놓인 피아노의 은은한 선율이 녹음을 뚫고 활기찬 이야기 소리와 나무 위 새들의 재잘거림과 함께 어우러집니다.

에필로그

지금 우리는 무엇을?

여기까지 읽은 분 가운데 제가 불필요한 불안을 조장한다고 생각하는 분도 있을 겁니다. 글쎄요, 지구가 계속 달아오르면서 상황이 얼마나 나빠질지 알리는 처지에서 저는 확실히 불안을 조장하고 있으며, 이에 대해 사과하지 않겠습니다. 하지만 지나친 경고일까요? 아니요. 과장한 것은 하나도 없습니다. 이 책에 나온 모든 내용은 세심한 관측과 신중한 모델링이 뒷받침하고 있습니다. 지금 상황에서는 경각심을 불러일으킬수록 좋습니다. 최선의 대책은 예방이며, 적을 물리치려면 적이 얼마나 강한지 알아야 합니다. 그런데 대중과 세계 지도자들은 그럴 생각이 없어 보입니다. 2020년 영국 텔레비전에서는 '케이크'가 '기후변화'보다 10배나 많이 언급되었습니다. 이 사실은 기후 비상사태의 본질과 규모에 대한 인식이 아직 낮은 수준에 머물러 있다는 것을 보여 줍니다.

지구 가열화와 기후 붕괴에 대해 불안을 조장하는 것보다 최악의 시나리오를 경시하는 것이 훨씬 더 나쁜 일이며 저는 이를 '기후 회유climate appeasement'라고 합니다. 더는 기다릴 수 없는 상황인데도 긴급 조치를 취하기는커녕 끝까지 미적거리도록 꾈 뿐입니다.

한편 이 책을 읽고 두려움을 느꼈다면, 특히 자녀와 손주가 걱정된다면, 마땅히 그래야 합니다. 하지만 그렇다고 무기력해지지 마세요. 두려움에 마비될 필요는 없습니다. 실제로 두려움은 원동력이 되기도 합니다. 두려움을 모르는 채 전쟁에서 승리한 사람은 아무도 없으며, 우리가 어디에 살든 이 장엄한 행성을 지키기 위해서 최선을 다해야 합니다. 미래가 암울하다고 해서 아무것도 하지 않거나 너무 늦었다고 생각하는 것은 핑계가 될 수 없습니다. 오히려 지금이 기회입니다.

고속도로나 정유소 입구를 맨몸으로 막아서야 할 필요성을 느낀다면, 그렇게 하세요. 안드레아스 말름은 《송유관을 폭파하는 방법 How to Blow Up a Pipeline》이라는 책에서 공익에 반하는 화석연료 기업 들과 싸울 때 고의적인 방해와 재산 피해를 주는 것은 지극히 정당하다고 설득력 있게 주장합니다. 이런 공격적인 방식이 싫더라도 여러분이 할 수 있는 일은 많습니다. 전기차나 대중교통을 이용하고, 걷거나 자전거를 타고, 비행기를 타지 않고, 친환경 에너지 요금제로 전환하고, 육류를 덜 먹고, 친구와 가족에게 우리가 어떤 곤경에 처했는지 알리고, 정치인들에게 영향력과 투표권을 행사하여 기후 비상사태를 논의하고 실천하는 정부가 집권하도록 만드세요.

하지만 문제는 아무리 친환경 행정부라 해도 지구 가열화를 막기 위한 올바른 조치를 하는 데 전적으로 자유롭지 않다는 것입니다. 공익보다는 경쟁과 이익을 기반으로 한 지금의 정치, 경제 체제 안에서는 아무리 의지가 드높아도 최악을 피할 만큼 빠르게 배출량을 줄이기가 어렵습니다. 따라서 저명한 활동가들은 체제를 변혁해야 한다고 주장합니다.

우리의 기후를 파괴하는 주범은 자유 시장 자본주의입니다. 자원이 한정된 작은 지구에서 지속할 수 없는 이 이데올로기는 과잉 자본을 가진 소수를 더욱 배 불리는 체제일 뿐입니다. 환경과 생물 다양성, 공공의 이익과 미래 세대의 운명에는 관심이 없습니다. 사실 지구적인 위기가 닥친 이 시점에 이런 경제 체제를 유지하는 것은 대단히 잘못된 것입니다. 특히 부유한 엘리트와 나머지 인구 사이의 탄소 배출량이 극도로 불균형하다는 데서 이 체제의 한계가 분명히 드러납니다.

　온실가스 배출량을 대폭 줄이는 한 가지 빠른 방법은 2013년 배출량의 13퍼센트를 차지한 최상위 1퍼센트의 무임승차권을 박탈하는 것입니다. 2030년까지 이 소수 엘리트가 전 세계 배출량의 16퍼센트, 1인당 연간 70톤의 탄소를 배출할 것으로 보입니다. 그런데 기후 파괴의 피해를 가장 크게 받게 될 전 세계 인구 최하위 50퍼센트는 1인당 배출량이 연간 1톤밖에 안 됩니다. 더 비교해 보자면 2021년 영국 시민 한 명당 8.4톤의 이산화탄소를 배출했습니다. 각 대륙에 주택, 고성능 자동차, 개인 점보제트기, 호화 요트 같은 막대한 재산을 소유한 세계 부호들의 연간 탄소 발자국은 엄청난 수준(한 부호의 경우 거의 3,4000톤)으로 증가했습니다.

　세계의 규모와 자원에 걸맞지 않은 경제 체제의 상징은 신흥 부자들의 장난감인 우주선입니다. 영국의 억만장자 리처드 브랜슨의 버진 갤럭틱 로켓이 10분간 비행하며 배출하는 이산화탄소는 세계 최하위 한 명이 평생 배출하는 양과 맞먹습니다. 지구 비상사태가 한창인 지금 이는 명백히 비뚤어진 비율입니다.

한 사회의 성숙도를 가늠하는 척도는 그 사회가 구성원과 생태계를 얼마나 잘 돌보는지에 달려 있습니다. 지금 우리 사회는 어둠 속에서 헤매는 어린아이 수준입니다. 지구 가열화를 결코 막을 수 없다는 것이 불을 보듯 뻔해지기 전에 새로운 방식을 선택해야 합니다. 우리가 억만장자를 몇 명이나 우주로 쏘아 올릴 수 있는지와는 아무런 상관없는 방식 말입니다. 경제적 성공을 측정하는 방식이 바뀌어야 합니다. 얼마나 탄소를 적게 배출하는지 또는 얼마나 많이 흡수하는지 그 양에 따라 부의 축적이 달라져야 합니다.

현재 국가 경제의 성공 여부는 국내총생산GDP으로 측정하며 이는 순전히 국가의 부를 바탕으로 합니다. 국민의 건강과 복지, 빈부 격차, 환경문제, 탄소 배출 감축량들은 전혀 고려하지 않습니다.

완벽하지는 않지만, 진보적 경제학자들이 제시한 한 가지 방법은 질적 조정 GDP 지표로 전환하는 것입니다. 이 지표를 사용하면 탄소 배출 저감 조치와 같은 일에는 혜택을 주고 환경에 해를 끼치는 일에는 불이익을 줄 수 있습니다. 이 새로운 GDP 지표는 개개인의 부를 국가 및 세계가 환경 개선을 위해 얼마나 노력하는지와 연결하기 때문에 모두에게 이익이 될 것입니다. 물론 이렇게 바꿔는 것이 쉽지는 않겠지만, 의지만 있다면 충분히 가능합니다. 이러한 시스템 없이는 위험한 수준의 대기 중 탄소 농도를 줄이는 데 큰 진전을 이룰 수 없습니다.

이 책을 쓰던 2021년 마지막 날, 웨일스 북부 발라의 기온이 16.5도까지 올라가는 등 영국은 따스한 연말을 만끽하고 있었습니다. 며칠 전 지구 반대편 알래스카의 수은주는 19.4도를 기록했고(이곳의 12월 일평균 기온은 0도 안팎입니다), 이탈리아의 일부 스키 리조트에서는 인공 눈을 뿌리기에도 너무 높은 15도를 기록했습니다. 한편 콜로라도 로키산맥 고지대에서는 지난 48시간 동안 겨울 산불이 일어나 건물 900채 이상이 파괴되고 주민 수천 명이 집을 잃었습니다.

이 책을 마무리하는 시점인 2022년 3월, 호주 동부는 기록적인 폭우로 사상 최악의 홍수가 일어났으며 텍사스에서는 700건이 넘는 산불이 일어났습니다. 한편 동유럽에서는 우크라이나의 분쟁이 계속되면서 앞으로 닥칠 이주 문제와 원자재 부족 현상을 엿볼 수 있었습니다. 지금 이 순간 많은 사람에게 세상은 이미 다른 세상입니다. 머지않아 우리는 모두 이 세상을 알아볼 수 없게 될 것입니다.

우리는 더 이상 기후 붕괴를 따돌릴 수 없지만, 인류

문명의 존망을 위협할 기후 대재앙을 막아 낼 수단은 아직 남아 있습니다. 1995년 첫 유엔기후변화협약 당사국총회 이후 수십 년 동안 우리는 핑계와 관성으로 한 포대를 다 써 버렸고 마지막 지푸라기만 남았습니다. 그것마저 놓칠 수는 없습니다.

더 읽을거리

온라인

기후행동추적 Climate Action Tracker
> 여러분의 국가가 탄소 배출량을 줄이기 위해
> 어떤 노력을 하고 있는지 확인하세요.
> https://climateactiontracker.org

기후중앙 Climate Central
> 우수한 기후 연구와 뉴스를 확인하세요.
> https://www.climatecentral.org

쿨 어스 Cool Earth
> 지구 가열화와 기후 붕괴에 초점을 맞춘 빌 맥과이어의 블로그.
> https://billmcguire.substack.com

멸종 저항 Extinction Rebellion
> 기후 비상사태 대처에 조금이라도 도움을 주세요.
> https://rebellion.global

정부 간 기후변화협의체 Intergovernmental Panel on Climate Change
> 기후 붕괴 과학의 정확한 소식통.
> https://www.ipcc.ch

나사 글로벌 기후변화 NASA Global Climate Change

   지구 가열화와 기후 붕괴 지표에 대한

   최신 정보를 확인하세요.

   https://climate.nasa.gov

리얼클라이미트 RealClimate

   기후 과학자들이 전하는 기후 과학.

   https://www.realclimate.org

스켑티컬 사이언스 Skeptical Science

   지구온난화 회의론을 회의적으로 보기.

   https://skepticalscience.com

영국 기상청 Met Office UK Climate

   영국 기후의 모든 것.

   https://www.metoffice.gov.uk/weather/climate/uk-climate

오프라인

《거의 모든 것의 탄소발자국 How Bad are Bananas?: The Carbon Footprint of Everything》 마이크 버너스-리

《지구 기후의 간략한 역사 A Brief History of the Earth's Climate: Everyone's Guide to the Science of Climate Change》 스티븐 얼

《내 손자가 겪을 폭풍 Storms of My Grandchildren: The Truth About the Coming Climate Catastrophe and Our Last Chance to Save Humanity》 제임스 핸슨

《이것이 모든 것을 바꾼다 This Changes Everything: Capitalism vs the Climate》 나오미 클라인

《송유관을 폭파하는 방법 How to Blow Up a Pipeline: Learning to Fight in a World on Fire》 안드레아스 말름

《하늘씨앗 Skyseed》 빌 맥과이어

《새로운 기후 전쟁: 지구를 되찾기 위한 싸움 The New Climate War: The Fight to Take Back Our Planet》 마이클 만

《2050 거주불능 지구 The Uninhabitable Earth: Life After Warming》 데이비드 월러스 웰즈

기후변화, 그게 좀 심각합니다

지구인을 위한 안내서

1판 1쇄 ✳ 2023년 7월 5일
1판 2쇄 ✳ 2024년 2월 15일

글쓴이 ✳ 빌 맥과이어

옮긴이 ✳ 이민희

펴낸이 ✳ 조재은

편집 ✳ 이혜숙

디자인 ✳ 형태와내용사이 / 서옥

관리 ✳ 조미래

펴낸곳 ✳ (주)양철북출판사

등록 ✳ 2001년 11월 21일 제25100-2002-380호

주소 ✳ 서울시 영등포구 양산로 91 리드원센터 1303호

전화 ✳ 02-335-6407

팩스 ✳ 0505-335-6408

전자우편 ✳ tindrum@tindrum.co.kr

ISBN ✳ 978-89-6372-419-5 (03300)

값 ✳ 15,000원

잘못된 책은 바꾸어 드립니다.